COLONOS DO CAFÉ

Conselho Acadêmico
Ataliba Teixeira de Castilho
Carlos Eduardo Lins da Silva
José Luiz Fiorin
Magda Soares
Pedro Paulo Funari
Rosângela Doin de Almeida
Tania Regina de Luca

Proibida a reprodução total ou parcial em qualquer mídia
sem a autorização escrita da editora.
Os infratores estão sujeitos às penas da lei.

A Editora não é responsável pelo conteúdo deste livro.
A Autora conhece os fatos narrados, pelos quais é responsável,
assim como se responsabiliza pelos juízos emitidos.

Consulte nosso catálogo completo e últimos lançamentos em **www.editoracontexto.com.br**.

MARIA SÍLVIA BEOZZO BASSANEZI

COLONOS DO CAFÉ

editoracontexto

Copyright © 2019 da Autora

Todos os direitos desta edição reservados à
Editora Contexto (Editora Pinsky Ltda.)

Ilustração de capa
A colheita, Antonio Ferrigno, 1903

Montagem de capa e diagramação
Gustavo S. Vilas Boas

Preparação de textos
Lilian Aquino

Revisão
Ana Paula Luccisano

Dados Internacionais de Catalogação na Publicação (CIP)

Bassanezi, Maria Sílvia Beozzo
Colonos do café / Maria Sílvia Beozzo Bassanezi. – São Paulo :
Contexto, 2019.
320 p.

ISBN: 978-85-520-0165-2

1. Fazendas de café – Brasil – História
2. Imigrantes – Italianos – Brasil – História I. Título

19-1947   CDD 981.61

Angélica Ilacqua CRB-8/7057

Índices para catálogo sistemático:
1. Fazendas de café – Brasil – História

2019

Editora Contexto
Diretor editorial: *Jaime Pinsky*

Rua Dr. José Elias, 520 – Alto da Lapa
05083-030 – São Paulo – SP
PABX: (11) 3832 5838
contexto@editoracontexto.com.br
www.editoracontexto.com.br

À minha grande e querida família:

aos que vieram antes e se foram:
meu pai, minha mãe, minha tia e meu irmão;

aos que foram chegando depois e estão comigo:
Rodney, Carla, Betina, Renato, Camila, Mariana,
Pedro, Anna Luísa, André, Iza e Paula

Sumário

Uma história para contar **11**

Um lugar para trabalhar e viver **21**
   As terras 23
   A sede e as colônias 25
   "Modernidades" 36
   O cafezal e os grãos 37
   A fama internacional 41
   De Sítio Laranja Azeda a fazenda modelo 46
   Pedras no caminho 55

Famílias para a faina do café **61**
   A atração de mão de obra 63
   O perfil das famílias 74
   O colonato 78
   O acesso e o usufruto da terra 88
   Regras a seguir, decisões a tomar 97
   Vantagens do trabalho familiar 101

De sol a sol **107**
   Do administrador ao camarada 110
   A instabilidade do empregado 121
   Uns mais que outros 123
   A sazonalidade dos trabalhos 126

Cotidiano, lazer, religiosidade e instrução **129**
   A labuta de adultos, jovens e crianças 131
   A casa, que abriga e aconchega 137
   A roupa, que protege o corpo
      e preserva os costumes 141
   A refeição, que recompõe energias 143
   O lazer, que descansa e socializa 146
   A religião, que pacifica, orienta e conforta 151
   A escola, um sonho perseguido 163

Casamentos **169**
   Uniram-se em matrimônio 171
   Quem se casava com quem 175
   A idade ao casar 191
   Assinar ou solicitar assinatura "a rogo" 192
   Quando casar 194
   Na contramão das populações
      tradicionais brasileiras 196

Gerar, nomear e batizar filhos **199**
    O tempo de nascer 202
    O nome escolhido na pia batismal 205
    A eleição dos padrinhos 219

As enfermidades e a morte **227**
    Os custos da doença 229
    O tracoma, "pior que a tuberculose" 233
    As epidemias 236
    Enfermidades frequentes 239
    Morrer na fazenda 243

A história contada **251**

Referências bibliográficas **257**

Anexos **263**

Agradecimentos **313**

A autora **315**

Uma história
para contar

Entre apreensivos e esperançosos, o agricultor Angelo D'Ascenzi, de 33 anos, e sua mulher Felice, cinco anos mais jovem, chegaram ao Brasil. Estávamos em março de 1897 e eles vinham do norte da Itália. Traziam consigo seus filhos, Samuele de 5 anos, Giuseppe de 4 e o pequeno Domenico, de apenas 1 ano de idade. Haviam deixado seu *paesi*, a aldeia em que viviam na região do Vêneto, e viajado de trem com seus poucos pertences até a cidade portuária de Gênova. A comida era ruim, os estalajadeiros e taberneiros os exploravam, mas eles aguardavam com coragem e determinação o momento de embarcar no navio Re Umberto.

Acreditando nas promessas dos agentes recrutadores de mão de obra, a família D'Ascenzi – como tantas outras famílias de trabalhadores – atravessou o Atlântico na terceira classe do navio lotado. As condições da travessia provocaram doenças e até a morte de passageiros que não resistiram aos rigores da viagem. No porto brasileiro de Santos, os D'Ascenzi desembarcaram em meio à confusão de gentes e línguas, malas extraviadas, autoridades e funcionários nada receptivos que, finalmente, os encaminharam à Hospedaria de Imigrantes de São Paulo. Chegaram à cidade de trem. Em seu registro na hospedaria, consta a data de 22 de março. O edifício localizado no bairro do Brás alojava imigrantes de diversas procedências que podiam lá permanecer gratuitamente por até oito dias enquanto aguardavam ofertas de trabalho ou esperavam o contato dos intermediários do fazendeiro, no caso de já terem sido contratados. Possuía acomodações para 4.000 pessoas, mas com frequência abrigava bem mais gente. Além do desconforto, a superlotação favorecia a propagação de doenças, mesmo com os cuidados da inspeção sanitária.

Os D'Ascenzi e outras 19 jovens famílias italianas camponesas foram designados para a fazenda de café Santa Gertrudes, no município paulista de Rio Claro. Após cinco horas de viagem em um dos vagões da Companhia Paulista de Estradas de Ferro destinados aos imigrantes, chegaram juntos ao local onde esperavam gozar de condições de vida melhores do que as que tinham em sua terra natal. No Brasil, pensavam, poderiam tornar-se proprietários de terra. Trabalhariam algum tempo na fazenda, poupariam o máximo que pudessem. Prosperariam. Aí, quem sabe, poderiam realizar o seu sonho de, finalmente, ter um pedaço de terra, um chão que pudessem chamar de seu.

A história do casal D'Ascenzi e seus filhos é como a de muitos outros imigrantes que chegaram ao Brasil a partir do final do século XIX para trabalhar em fazendas cafeeiras paulistas. De um lado, é uma história única, pois verdadeiramente vivida por uma família concreta. Uma história de família, com suas conquistas e decepções, alegrias e tristezas particulares. Porém, ao mesmo tempo, uma história que representa a trajetória de muitos, de um conjunto bem maior de pessoas, marcado por um contexto histórico, com seus limites e possibilidades. Gente real fez o conjunto da massa trabalhadora do café e as circunstâncias históricas moldarem suas vidas.

Na fazenda Santa Gertrudes, a família D'Ascenzi se somou a outras que labutavam no cafezal: italianas, sobretudo, mas também austríacas, portuguesas, espanholas, brasileiras (inclusive afrodescendentes que haviam permanecido naquelas terras após a abolição da escravatura).

Como os D'Ascenzi, milhares de famílias de imigrantes fizeram parte da enorme massa de trabalhadores empregada nas grandes plantações de café sob o regime de trabalho conhecido como "colonato". Nas fazendas, essas famílias trabalharam duro, tiveram mais filhos, viram nascer seus netos e choraram seus mortos. Apesar do sonho inicial, vários imigrantes passaram o resto de suas vidas em uma única propriedade cafeeira, enquanto outros se mudaram para outras fazendas onde esperavam obter mais vantagens econômicas, ou buscaram a vida urbana, outras paragens e aventuras. Uns poucos sim, e muito depois do esperado, conseguiriam comprar suas próprias terras. Outros tantos, também não muitos, prosperariam de outras formas. A maior parte seria obrigada a diminuir as expectativas, adaptar-se à nova realidade.

A decisão tomada pela família D'Ascenzi de emigrar para trabalhar em cafezais paulistas fez parte de um contexto de desenvolvimento econômico e transformações demográficas globais que levaram um número enorme de pessoas para o estado de São Paulo.

A expansão do capitalismo provocou mudanças sociais importantes, primeiramente em países europeus e depois em outras regiões do planeta. Processos econômicos, alterações populacionais e reviravoltas políticas interagindo em muitos momentos acabaram por impulsionar, com maior ou menor intensidade, dependendo do local, emigrações oceânicas. Tais deslocamentos eram facilitados, então, pelo desenvolvimento sem precedentes das comunicações, pelo barateamento dos custos dos transportes e por políticas imigratórias favoráveis levadas a cabo nos países receptores.

Especificamente na região italiana do Vêneto, de onde saiu a maioria dos trabalhadores para as fazendas cafeeiras paulistas, a emigração foi consequência de um novo contexto socioeconômico e político – relacionado à entrada do capitalismo no campo –, que provocou desemprego ou perda da posse da terra, sofrimento e miséria. (Em certas partes do Vêneto, houve uma grande concentração da propriedade em poucas mãos, enquanto, em outras, ocorreu um excesso de divisão de terras inviabilizando sua manutenção; muitos camponeses tiveram dificuldades para enfrentar o grande aumento de impostos ou a concorrência com produtos agrícolas vindos de outros lugares, além de questões ambientais, políticas e/ou de saúde agravadas nessa época.) Ser proprietário de terra, a maior das ambições dos camponeses vênetos, parecia então cada vez mais difícil, se não impossível, no local em que viviam. A aventura temerária de cruzar o oceano em busca de melhores condições de vida foi impulsionada também pela vontade de obter um pedaço de terra próprio. Além disso, na Itália, os camponeses sentiam que seus valores e costumes ligados ao trabalho baseado na estrutura familiar e ao modo de vida pautado pela religiosidade estavam ameaçados. Como demonstraram alguns estudiosos, a emigração era vista também como uma forma de preservar tais valores, já que os imigrantes acreditavam poder manter suas tradições e costumes no sistema de trabalho e no modo de vida que os aguardavam além-mar.

O Brasil nos anos finais do período Imperial e durante a Primeira República, por sua vez, parecia oferecer tais possibilidades a essa gente. Trabalhar nas fazendas de café não lhes conferia, é claro, a posse da terra, mas permitia seu usufruto para o plantio de alimentos que garantiriam a subsistência. Da forma como estava organizado, o trabalho nas fazendas cafeeiras proporcionava aos imigrantes a manutenção de sua unidade familiar e a atuação em família como já estavam acostumados. A cooperação dos membros da família era um incentivo para a formação de um pecúlio ligado à possibilidade, mesmo que remota, de um dia vir ou voltar a ser proprietário de terra.

Da perspectiva brasileira, a vinda desses imigrantes esteve atrelada ao domínio do café na economia do país. O rápido crescimento da cafeicultura em terras paulistas e seus desdobramentos – expansão da rede ferroviária, industrialização e urbanização –, aliados a importantes reformas institucionais e políticas (abolição da escravatura, em 1888, e estabelecimento do regime republicano, que deu autonomia aos estados em 1889), criaram condições para a recepção de imigrantes que seriam "braços para o café". Ou seja, destinados principalmente a atender aos interesses da cafeicultura. Ao mesmo tempo, a vinda de europeus para o Brasil reforçava a ideologia vigente que via no imigrante "branco" um elemento necessário à construção da sociedade na nova ordem desejada pelas elites que se acreditavam mais modernas.

Entre meados dos anos 1880 e 1930, o país adotou uma política imigratória agressiva, assentada em subsídios à viagem e em uma forte propaganda realizada, sobretudo, na Itália, mas também em outros países europeus e posteriormente no Japão. Publicações diversas com informações sobre o Brasil, e sobre o estado de São Paulo em particular, eram distribuídas nos países com migrantes em potencial e a bordo dos navios. Imigrantes residentes no Brasil eram estimulados a convidar parentes e amigos a emigrarem também. Viajantes ilustres em trânsito eram levados a conhecer repartições ligadas à imigração, fazendas de café exemplares e núcleos coloniais que se formavam. Em consequência, nesse período, mais de 2,2 milhões de imigrantes entraram no estado de São Paulo, sobretudo italianos, que dominaram o movimento imigratório em geral e com destino à cafeicultura. Essa imigração estrangeira traria grande impacto sobre a tradicional e escassa população paulista. São Paulo e o Brasil nunca mais seriam os mesmos.

Este livro apresenta as experiências de homens e mulheres que trabalharam na cafeicultura do Velho Oeste Paulista, particularmente na região de Rio Claro, do final do século XIX às primeiras décadas do XX. Fala de pessoas como os D'Ascenzi e de tantos outros trabalhadores, parte da massa empregada nas grandes fazendas cafeeiras paulistas. A obra tem como foco uma propriedade rural modelo, a fazenda Santa Gertrudes. Essa fazenda originou-se em meados do século XIX, chegando ao século XXI vencendo crises e se adaptando a novas circunstâncias, e, o que mais nos interessa aqui, conservando, além do cenário majestoso dos tempos áureos da cafeicultura paulista, muitos documentos de sua história que este livro utiliza como fonte, de modo minucioso e consequente.

A obra colabora para uma compreensão maior do "colonato" – regime de trabalho considerado pelos cafeicultores da época o mais adequado e eficiente no processo de produção do café –, mas, sobretudo, ilumina experiências humanas por muito tempo ignoradas ou mencionadas apenas de passagem na escrita da História. Trata de condições de vida e trabalho que, em parte, podem ser extrapoladas para outros trabalhadores do campo e, portanto, faz avançar o conhecimento científico sobre o assunto. Insere a micro-história, que certamente contribui para uma melhor compreensão do passado na esfera da macro-história, que integra os contextos históricos paulista, brasileiro e mundial da época. Revela ainda parte da história vivida pelos antepassados de muitos brasileiros, que, por sua vez, podem identificar, em sua reconstrução, padrões culturais familiares que ainda influenciam mentalidades e comportamentos.

Enfim, traz história que vale a pena ser contada.

*

Alguns esclarecimentos. Os temas deste livro são tratados na medida das possibilidades das fontes, o que explica, por vezes, a maior ênfase em algumas questões que em outras. Ele se apoia, obviamente, em outros autores para inserir suas descobertas e análises em um contexto mais amplo e estabelecer comparações, mas principalmente em vasta pesquisa individual e original feita pela autora em fontes primárias, fundamentais para dar vida aos personagens históricos, sua época e seu ambiente.

As trajetórias de indivíduos e famílias que ilustram os capítulos deste livro foram selecionadas por serem representativas das vivências dos trabalhadores do café. Elas foram escritas a partir do cruzamento de informações existentes em fontes nominativas diversas, como documentação da fazenda, registro civil de casamento e óbito, registro paroquial de batismo. O nome e o sobrenome das pessoas mencionadas aparecem como se encontram grafados nos documentos consultados. Algumas vezes, estão "aportuguesados" ou escritos conforme entendimento da pessoa que os anotava. Mas nas transcrições literais dos documentos, foi preservada a ortografia da época.

A escolha da fazenda Santa Gertrudes (que pertenceu ao município paulista de Rio Claro até 1948, quando passou a fazer parte do recém-criado município de Santa Gertrudes) deveu-se ao fato de a seu respeito existir um acervo documental muito rico e em bom estado de conservação. Esse acervo foi depositado, nos anos 1960, no Museu Histórico e Pedagógico "Amador Bueno da Veiga" de Rio Claro e, posteriormente, abrigado no Arquivo Público e Histórico do Município de Rio Claro "Oscar de Arruda Penteado". Tais documentos permitiram reconstruir em detalhes o dia a dia dos trabalhadores na fazenda, além de suas conquistas, seus ganhos e perdas. Contudo, a investigação sobre os trabalhadores do café não se limitou a esse acervo. Foram pesquisados também os Livros de Batismo da capela da fazenda, os livros de Matrícula de Imigrantes, os livros contendo as Atas de casamento e óbito do Registro Civil dos municípios de Rio Claro e Santa Gertrudes, além de documentos cartoriais de compra de terras e outros textos avulsos depositados em arquivos e bibliotecas públicas e particulares, cuja listagem o leitor encontra no Anexo 1. A pesquisa foi reforçada ainda por depoimentos orais de antigos trabalhadores da fazenda, de seus descendentes, do responsável pelo escritório e dos proprietários, coletados pela autora entre os anos de 1969 a 1973.

Alguns capítulos deste livro reproduzem parte da tese de doutorado pioneira defendida pela autora no início dos anos 1970, uma época em que a historiografia brasileira começava a despertar para a micro-história, para o estudo das camadas populares, para o uso de fontes seriais e de métodos matemático-estatísticos, dando os primeiros passos na utilização da informática na pesquisa histórica. Esta obra incorpora ainda novos olhares e análises sobre as fontes originalmente trabalhadas. Além disso, lança mão de outras fontes levantadas e analisadas posteriormente ao longo de mais de 45 anos de pesquisas feitas com diferentes propósitos, que resultaram em textos apresentados em eventos científicos e/ou publicados em capítulos de livros, em periódicos e anais de congresso, cuja relação o leitor encontra na bibliografia.

Um lugar para trabalhar e viver

[A fazenda Santa Gertrudes] é uma das fazendas mais bonitas e ricas do estado de São Paulo. Ela está localizada nos arredores do município de Rio Claro, onde se encontram também muitas fazendas maravilhosamente organizadas. No entanto, nenhuma delas supera a fazenda "Santa Gertrudes" pelo cuidado escrupuloso com que é mantida e pelo aspecto de prosperidade que apresenta à primeira vista [...].

Nela, a cultura principal é a do café, para a qual há uma grande área pavimentada para a secagem dos grãos, numerosos trabalhadores, e um grande edifício com belíssimas máquinas que preparam o café para comercialização.

Mas não é só o café que é cultivado nessa fazenda. O proprietário pensou corretamente que não era bom depender de uma única cultura e, consequentemente, aproveitou vastas reservas de terra, facilmente transformadas em pasto nas bordas da fazenda.

Um dos detalhes mais marcantes da fazenda Santa Gertrudes é a criação de gado em grande escala. Imensos pastos, invernadas, estábulos, garanhões de raça, tudo se encontra ali. [...]

A fazenda é toda iluminada à luz elétrica. Ela possui edificações notáveis, a casa patronal, o prédio do beneficiamento do café, as habitações para o pessoal da administração, o imenso prédio destinado aos veículos para transporte, a capela com um interior riquíssimo etc. [...].

As casas dos colonos são todas de alvenaria, sólidas e higiênicas. Não têm a aparência suja de um casebre, pelo contrário, têm um aspecto alegre, o que é pouco comum nas casas do campo. Os colonos da fazenda Santa Gertrudes estão felizes com sua sorte porque são tratados com humanidade e estão satisfeitos com o que encontraram, com a administração da fazenda, que também deste ângulo pode ser considerada modelo.

(Il Brasile e gli italiani, 1906: 460;
tradução da autora.)

Assim como o autor do texto que abre este capítulo, muitos dos imigrantes oriundos de pequenas aldeias europeias, dos migrantes nacionais e dos visitantes que passaram pela fazenda Santa Gertrudes, no final do século XIX e primeiras décadas do XX, se admiraram com sua exuberância: os imensos e verdejantes cafezais, a imponência da bela sede, a profusão de caminhos que levavam aos talhões do cafezal e às colônias onde ficavam as casas dos trabalhadores.

AS TERRAS

As terras da fazenda Santa Gertrudes nessa época faziam fronteira com as de outros importantes estabelecimentos rurais da região, ainda hoje sobreviventes como ela: Fazenda Ibicaba, Fazenda Paraguassu, Fazenda Morro Azul, Fazenda Faxina. Também com fazendas menores, pequenos sítios e com os trilhos da linha tronco da Companhia Paulista de Estradas de Ferro, cuja estação Santa Gertrudes atendia à fazenda e a suas vizinhanças.

Como todas as importantes propriedades cafeeiras daquele tempo, a Santa Gertrudes abrangia talhões de cafezais, áreas de mata (utilizadas como fonte de madeira e lenha), pastos para animais de grande porte, terrenos reservados ao cultivo de mantimentos e fontes de água abundante (Figura 1, Anexo 6/Quadro 1).

Figura 1
Mapa da Fazenda Santa Gertrudes – 1904

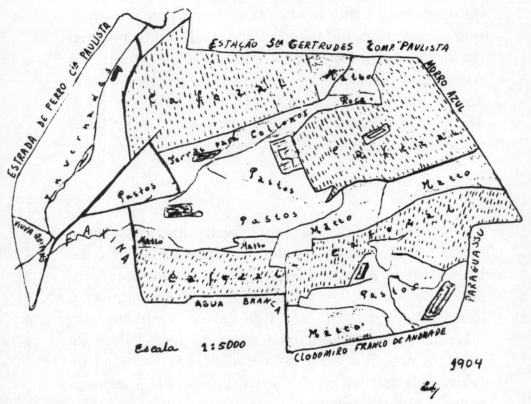

Fonte: Cópia de um mapa que ficava pendurado no escritório da fazenda na década de 1970.

Nas suas origens, em meados do século XIX, a fazenda abrangia uma área aproximada de 585 alqueires. Em 1893, passou para 700 alqueires, e entre 1897 e 1921, chegou a 1.356 alqueires.[1]

Até 1930, a Santa Gertrudes foi exceção no processo de fragmentação das propriedades rurais, gerado

---

[1] O alqueire paulista para área corresponde a 24.200 metros quadrados.

pelas crises econômicas e/ou por questões relativas à herança, observado em muitas partes do estado de São Paulo e também no município de Rio Claro a partir do final do século XIX. De fato, muitas das terras que acabaram incorporadas a essa fazenda vieram da compra de propriedades vizinhas. Assim, por exemplo, entre 1897 e 1900, várias glebas da fazenda São Joaquim, equivalentes a 236,5 alqueires, passaram a pertencer à Santa Gertrudes. A compra da fazenda Palmeiras, realizada em duas etapas, foi responsável pela maior incorporação de novas terras. A primeira ocorreu em 1902, quando foram adquiridos 249 alqueires com 160.000 pés de café e quase todas as benfeitorias – casa de morada, máquinas de beneficiar café, engenho de cana e alambique.[2] Essas terras transformaram-se na colônia Santa Cruz. Posteriormente, da mesma fazenda foi adquirida uma nova gleba, que se tornou então a colônia Santa Maria.

A SEDE E AS COLÔNIAS

A sede era o eixo em torno do qual a vida da fazenda girava. À semelhança de uma praça urbana, era o local onde se encontravam o terreiro e as edificações mais importantes da propriedade. Ali ocorriam as atividades vinculadas diretamente ao preparo do café destinado ao mercado e também atividades recreativas e religiosas que congregavam trabalhadores, proprietários, visitantes, além de pessoas da vila e de fazendas vizinhas (Figura 2).

---

[2] 2º Cartório de Registro de Imóveis de Rio Claro, Livro 3E, registro n. 3.078, 1902.

Figura 2
Planta da Sede da Fazenda Santa Gertrudes (Desenho de Raul Santos, 1973)

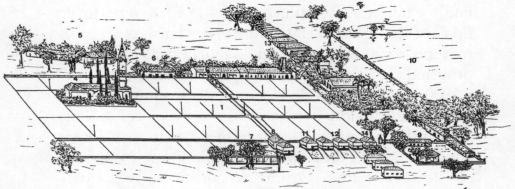

1. terreiro, 2. casa dos proprietários, 3. instalações do benefício do café,
4. capela, 5. serralheria, 6. carpintaria, 7. tulha, 8. casa do administrador,
9. selaria, 10. lago, 11. escritório, 12 e 13. casas de trabalhadores,
14. açougue e armazém, 15. cocheira-estrebaria e garagem para coches.

Entre as instalações dedicadas ao preparo e ao benefício do café, destacavam-se o lavador, para limpeza dos grãos, e o terreiro atijolado com 55 quadros para a secagem. Nesse terreiro, sobre trilhos, transitavam pequenos vagões que conduziam o café para o imponente prédio de beneficiamento, com suas portas e janelas de influência gótica, próximo ao local. Ao redor do terreiro, situavam-se a tulha, a casa do proprietário ("casa de morada" ou "casa de moradia"), a capela, algumas moradias destinadas ao administrador e aos trabalhadores mais qualificados e edificações com dormitórios coletivos que abrigavam grupos de trabalhadores chamados "camaradas". Na sede também ficavam a olaria, a serraria, a carpintaria, a ferraria, a selaria, o armazém que abastecia a fazenda e seus trabalhadores, as construções que abrigavam os veículos, as máquinas e diversas ferramentas e as cocheiras (Figuras 3 e 4).

Figura 3
Prédio do benefício de café (Acervo da autora)

Figura 4
Benefício do café
(Acervo do Museu Paulista. Óleo de Antonio Ferrigno, 1903)

A "casa de morada" na Santa Gertrudes era utilizada pela família proprietária, moradora na cidade de São Paulo, quando vinha à fazenda e também por seus hóspedes. Morar na capital e de lá administrar a fazenda foi uma escolha facilitada com a chegada dos trilhos da ferrovia à região, a partir dos anos 1870. O trem encurtou as distâncias e, juntamente com o telégrafo e os serviços postais, permitiu ao fazendeiro usufruir da vida sociocultural, econômica e política da capital, e delegar a administradores contratados a coordenação e a supervisão dos trabalhos diários da fazenda.

Na Santa Gertrudes, a "casa de morada" não seguiu a tradição arquitetônica da residência de fazenda comum no estado de São Paulo. Em sua constituição, é possível observar elementos europeus de várias tendências, como o telhado para os lados, "em chalé", e pilastras e ferro forjado como recursos decorativos. Ela era circundada por um jardim com árvores e plantas ornamentais. Um lago, com balaustrada decorada com pinhas e estátuas representando as estações do ano, margeava uma parte do jardim, complementando a área privativa da família proprietária (Figuras 5 e 6).

Figura 5
Residência do proprietário (Acervo da autora)

Figura 6
Balaustrada do lago (Acervo da autora)

Em frente à "casa de morada", do outro lado do terreiro, encontrava-se a capela dedicada à padroeira da fazenda, Santa Gertrudes. Ela também não seguiu o modelo comum das capelas das propriedades rurais do auge da economia cafeeira no Velho Oeste Paulista. Construída em 1866, a capela passou por uma grande transformação em 1897, conduzida por um empreiteiro de origem italiana e sua equipe. Sua área foi ampliada, as antigas paredes de pau a pique foram substituídas por paredes de alvenaria e sua nova estrutura euro-peizada, como demonstram o ritmo dado às pilastras e os traços góticos nas arcadas das portas, janelas e no altar-mor. Remodelada, foi reinaugurada com pompa em junho de 1899 (Figura 7).

Figura 7
Capela (Acervo da autora)

Em 1900, durante o pontificado de Leão XIII, a capela foi incorporada à "Santa Basílica Lateratense [sic], no intuito de alcançardes [proprietário] para a vossa Capella publica a comunicação de todas as Indulgencias e graças espirituaes outorgadas por concessão pontifícia à Nossa Basílica" (Anexo 2). Tal concessão era rara, em se tratando de capela de fazenda; mesmo muitas igrejas das cidades não tinham acesso a essa regalia, que certamente se devia ao prestígio e às estreitas ligações do proprietário com a Igreja Católica de São Paulo.

Essa incorporação permitiu que a fazenda usufruísse de capelania própria e vivenciasse alguns aspectos do catolicismo urbano, segundo tipologia proposta por Camargo (1971): presença do padre aos domingos e dias santos, práticas religiosas de conteúdo litúrgico e sacramental, concentração do espaço sagrado na capela e tempo sagrado predominantemente hebdomadário, prática habitual e intensa de certos hábitos de piedade como rezas, novenas e tríduos.

Da sede partiam trilhas que levavam às oito colônias localizadas em diferentes planos da propriedade e destinadas às residências das famílias responsáveis pelos cuidados dos cafezais e pela colheita do café, os "colonos". Cada colônia era identificada pelo nome de um santo da Igreja Católica: São Joaquim, São José, São Guilherme, São Benedito, Santo Antônio, Santo Eduardo, Santa Cruz e Santa Maria. No seu conjunto, continham 285 residências habitadas por famílias colonas, sendo 23 casas simples e 131 geminadas (Anexo 6/Quadros 2 e 3).

Para os padrões vigentes nos anos finais do século XIX e início do século XX, as casas das colônias da

Santa Gertrudes eram consideradas boas habitações, especialmente por serem de alvenaria, quando ainda grande parte de suas congêneres era de pau a pique. Por isso, eram citadas na propaganda brasileira no exterior com o objetivo de atrair mão de obra para o café. Oferecer moradia em condições atraentes favorecia a permanência dos trabalhadores, sobretudo imigrantes, em uma lavoura que exigia grande quantidade de mão de obra. Na Santa Gertrudes, a população trabalhadora chegou a ultrapassar 1.500 pessoas em determinados períodos.

Não há qualquer referência na documentação do período de 1895-1930 a trabalhadores livres habitando as antigas senzalas. Sabe-se que, ainda no tempo da escravidão, a fazenda Santa Gertrudes fez uso de mão de obra escrava; que somente nos anos finais da escravidão utilizou em suas terras mão de obra imigrante (Dean, 1977: 160-61). Também que ali havia então um espaço chamado "quadrado", um quadrilátero ao redor do qual ficavam os barracões ("senzalas") que alojavam os escravos. No pós-abolição da escravatura, os afrodescendentes que permaneceram trabalhando na fazenda continuaram a habitar o "quadrado", como testemunhou o padre francês Louis-Albert Graffe, que visitou essa propriedade em 25 de fevereiro de 1911, em missão oficial ao Brasil. Suas anotações também dão uma boa ideia da mentalidade dominante na época.

> Enquanto os preparativos para a partida estão sendo concluídos, cabeças curiosas aparecem no vão das pequenas portas de um prédio comprido que forma um dos lados do quadrilátero central, à esquerda da

casa de morada. Rostos enrugados dos mais velhos e rostos risonhos dos pequenos, são os habitantes da tribo dos antigos escravos que ainda vivem onde seus pais viviam, são os ocupantes supremos das cabanas do Pai Tomás. Eles pouco se importam se são livres ou escravos, já que vivem felizes sob a proteção do proprietário que lhes sorri ao partir e também sob a proteção do Mestre Divino que os abençoa no esplendor de um gesto augusto. (Graffe, 1912: 288; tradução da autora)

"MODERNIDADES"

Aos poucos, aspectos relacionados à "modernidade", à vida urbana na época, foram sendo introduzidos na Santa Gertrudes, reforçando sua fama de fazenda modelo da cafeicultura paulista. Em 1898, as casas foram todas numeradas e a sede foi iluminada a gás acetileno. Quatro anos mais tarde, em 1902, um contrato com a Central Elétrica de Rio Claro trouxe energia elétrica à fazenda. Em 1904, uma linha telefônica ligava a fazenda à cidade de Rio Claro, colocando a propriedade em contato com a capital e com vários núcleos do interior. Pouco mais tarde, a fazenda ganhou sua própria usina, e várias máquinas agrícolas foram substituídas por outras mais modernas.

O cinema chegou à fazenda em 1912, quando foi instalado o primeiro cinematógrafo. Dois anos após, em 1914, foi inaugurado o "cinema popular", instalado em um dos prédios que ficavam ao redor do terreiro, a tulha. Durante vários anos, esse foi o único cinema da redondeza. Era frequentado por moradores da Santa Gertrudes e por pessoas das fazendas e da vila vizinhas em busca de lazer domingueiro. Em depoimentos colhidos entre 1969 e 1973, alguns ex-moradores da Santa Gertrudes ainda se lembravam, saudosos, desse cinema que tornou seus domingos mais prazerosos.

O CAFEZAL E OS GRÃOS

Em 1857, a Santa Gertrudes já era descrita como "fazenda de açúcar e café" e explorava a mão de obra escrava.

Em meados do século XIX, o café passara a ser consumido em escala mundial, principalmente em território europeu e americano, alcançando altos preços no mercado que incentivaram sua produção em várias regiões do planeta, inclusive em terras paulistas. As primeiras lavouras localizadas no Vale do Paraíba acabaram se expandindo em direção ao oeste da província (depois estado) de São Paulo, onde encontraram condições favoráveis de solo e clima, prosperando na região conhecida posteriormente como Velho Oeste Paulista. Entre 1880 e 1930, ela seria o centro mais dinâmico da economia brasileira.

Por volta de 1870, a Santa Gertrudes aparecia nos documentos como uma das maiores fazendas da região. Sua rica lavoura ajudaria a colocar Rio Claro na lista dos maiores produtores de café entre 1886 e 1890. Até 5 de fevereiro de 1888, quando foi abolida a escravidão em Rio Claro (pouco antes da Abolição oficial da escravatura em 13 de maio), a Santa Gertrudes explorou a mão de obra escrava.

O número de pés de café cuidado e o volume de café colhido na Santa Gertrudes variaram no decorrer do tempo. As condições geofísicas do local eram propícias à lavoura cafeeira: terra roxa, chuvas regulares, calor e insolação em geral não excessivos, geadas raras. Aumentos costumavam ser favorecidos pela ampliação das terras ou pelo seu maior aproveitamento com a introdução de novos métodos e técnicas de cultivo. Por outro lado, períodos de menor produção ocorriam devido a mudanças meteorológicas e às tendências naturais do cafeeiro, que produzia comercialmente apenas após quatro ou cinco anos do plantio e mais em anos alternados.

No auge da cafeicultura no Velho Oeste Paulista, o número de pés de café na fazenda Santa Gertrudes variou de, aproximadamente, 800 mil a quase um milhão de pés e colheita média anual de cerca de 80 mil alqueires[3] (Anexo 6/Quadro 4).

Entre 1895 e 1903, o número de cafeeiros aumentou em aproximadamente 300 mil pés. No período seguinte até 1918, o volume de pés de café manteve-se mais ou menos constante. Tal estabilidade resultou, provavelmente, de imposições feitas para evitar a superprodução de café e a consequente queda no preço: em 1902, o governo do estado de São Paulo passou a cobrar uma taxa sobre cada novo alqueire de café plantado. Em 1906, o Convênio de Taubaté (um acordo envolvendo os governos de São Paulo, Minas Gerais e Rio de Janeiro e os grandes cafeicultores) fixou um preço mínimo para o café de primeira qualidade, dificultou a exportação de

---

[3] O alqueire de café colhido equivalia a 50 litros.

café inferior e a formação de novos cafezais. Isso foi feito porque, na época, os preços do café no mercado internacional, que vinham declinando desde o final do século XIX, estavam caindo ainda mais devido a estoques que estavam sobrando no mercado.

Em 1906, os trabalhadores da fazenda Santa Gertrudes colheram 170 mil alqueires, que resultaram em 107 mil arrobas de café limpo. A produção da fazenda era considerada muito boa, alcançava em média 60 arrobas de café por mil pés, mais que as 50 arrobas produzidas pela maioria das fazendas da região. De 1907 a 1917, a colheita de café na fazenda manteve uma média anual de 115 mil alqueires.

Contudo, a geada de 1918 – a maior da história do café de São Paulo até então – veio romper esse ciclo; ela dizimou cafeeiros, diminuiu sensivelmente a colheita e gerou crise na produção que já vinha sendo afetada pela crescente falta de mão de obra devido à queda da imigração internacional a partir do início da Primeira Guerra Mundial. Assim, em 1919, foram colhidos apenas 7 mil alqueires de café, o que ecoou tremendamente nos ganhos dos trabalhadores da Santa Gertrudes. Por isso, nesse momento muitos acabaram deixando a fazenda em busca de melhores oportunidades.

Tentando compensar os efeitos negativos da geada, que ainda repercutiu nos anos seguintes, a fazenda procurou plantar algodão contando com a possibilidade de vendê-lo para a indústria têxtil que começara a ser implantada na região. No entanto, essa lavoura não obteve o êxito esperado e acabou abandonada.

A produção de café somente se recuperou em 1927, quando novos cafeeiros, plantados após a geada, finalmente começaram a dar frutos. Porém, pouco tempo depois, a crise mundial de 1929 e a de superprodução de café no Brasil afetariam profundamente a economia paulista e a fazenda Santa Gertrudes em particular.

*

Os métodos utilizados no beneficiamento do café nas fazendas da região em nada se assemelhavam à antiga "técnica do pilão" utilizada no Vale do Paraíba, tão bem descrita por Stein (1961). O mercado cafeeiro em expansão exigiu empreendimentos industriais. Assim, na última década do século XIX, começaram a aparecer máquinas dedicadas a suprir as necessidades do setor agroexportador. "Oficinas produziam grande variedade de equipamento modelado e usinado, principalmente para uso das fazendas e estradas de ferro, como caldeiras, bombas d'água, vagões fechados de carga e artigos semelhantes" (Dean, 1971: 44).

A fazenda Santa Gertrudes não ficou alheia às novas tecnologias, tendo impressionado Graffe em sua visita à propriedade.

> A complexidade desse organismo vivo onde as máquinas movidas à eletricidade executam um trabalho com uma rapidez cem vezes maior que toda a inteligência e a habilidade das mãos conseguem executar.
>
> Os grãos entram ainda fechados em seus alvéolos. As rodas do maquinário apoderam-se deles, descascam, limpam e, ouso dizer, são polidos. Eis os grãos brilhantes. Eles são classificados por volume

e peso. A máquina tem olhos clarividentes e dedos infalíveis. Rápida, opera a triagem, agitando, sacudindo, repartindo e conduzindo a uma linha de sacos numerados as diferentes categorias de café, do mais vulgar ao caracolillo de luxo, de Amarella a Bourbon e Sumatra. É realmente admirável. (Graffe, 1912: 282-83; tradução da autora)

A FAMA INTERNACIONAL

É impossível a um estrangeiro que se interessa pelas diversas manifestações da vitalidade brasileira deixar o Brasil sem fazer uma visita à fazenda Santa Gertrudes; é impossível para ele visitá-la sem conceber a mais alta admiração pelo homem que fez dessa vasta propriedade um dos domínios mais notáveis do país. (Graffe, 1912: 277; tradução da autora)

A fazenda Santa Gertrudes aparecia constantemente na propaganda do café brasileiro no exterior. Também ilustrava o material usado para arregimentar trabalhadores na Europa, sobretudo na Itália, com imagens e textos nos quais não faltavam elogios a ela e ao seu proprietário. Além disso, Santa Gertrudes era exibida a visitantes ilustres, personalidades nacionais e estrangeiras. Nobres, estadistas, políticos, diplomatas, intelectuais, industriais, banqueiros, agricultores, autoridades governamentais e eclesiásticas eram levados a conhecê-la. Com frequência, tais visitas eram organizadas pelo próprio governo do estado de São Paulo, através da Secretaria da Agricultura, Comércio e Obras Públicas, que facilitava "a viajantes ilustres em trânsito, visita à Inspetoria de Imigração, aos estabelecimentos agrícolas, aos núcleos coloniais etc." como parte da estratégia para divulgar o café brasileiro e as propriedades que o produziam (São Paulo, 1912-1913: 181).

Santa Gertrudes ficava "apenas" a quatro ou cinco horas da capital paulista por via férrea. Além disso, os viajantes que iriam conhecer a fazenda contavam com o conforto de um vagão luxuoso, como um deles fez questão de descrever (Figura 8).

> Salão deliciosamente organizado, janelas amplas decoradas com muito bom gosto, mesas, poltronas e sofás confortáveis como os de uma casa luxuosa; as paredes adornadas artisticamente com as mais ricas espécies vegetais das florestas brasileiras; tudo, inclusive ventiladores que produzem um doce frescor, é feito para dar ao viajante a melhor impressão da Paulista. (Graffe, 1912: 277; tradução da autora)

Figura 8
Visitantes ilustres em viagem à fazenda Santa Gertrudes
(Acervo Museu Paulista)

Figura 9
Passeio de visitantes ilustres pela fazenda Santa Gertrudes
(Acervo Museu Paulista)

Os convidados eram recepcionados na estação ferroviária de Santa Gertrudes e seguiam para a fazenda em "confortáveis trolleys" ou coches. O passeio pela propriedade incluía conhecer suas edificações e instalações (Figura 9) e participar de refeições cuidadosamente elaboradas para agradar os mais exigentes, acompanhadas por bons vinhos armazenados na adega da própria fazenda. Tais almoços e jantares muitas vezes ficavam a cargo de bufês da capital paulista – como Brasserie Paulista, Casa Trianon, entre outros –, que enviavam uma grande equipe ao local especialmente para os eventos (Figura 10, Anexo 6/Quadro 5).

Figura 10
Almoço aos visitantes ilustres na casa da sede da fazenda Santa Gertrudes
(Acervo Museu Paulista)

Vários visitantes deixaram registradas suas impressões no Livro de Visitas da fazenda ou em relatos mais tarde publicados em livros, jornais ou revistas.

DE SÍTIO LARANJA AZEDA A FAZENDA MODELO

A história da Santa Gertrudes começou em meados do século XIX e até o final dos anos 1920 suas terras só se ampliaram. Contudo, a crise mundial de 1929 e as consequências advindas da superprodução de café, somadas ao falecimento do então proprietário, mudariam suas feições: suas terras seriam divididas por motivo de herança, a produção de café ganharia a companhia de outras lavouras e novas formas de trabalho seriam introduzidas a partir de 1930.

Muito antes de abrigarem uma propriedade cafeeira modelo famosa e invejada, as terras iniciais da futura fazenda Santa Gertrudes eram conhecidas como Sítio Laranja Azeda, originado da Sesmaria de Morro Azul.[4] Em 1848, esse sítio foi herdado por Amador de Lacerda Rodrigues Jordão (posteriormente, Barão de São João de Rio Claro), por ocasião da partilha dos bens de sua mãe, Gertrudes Galvão de Moura Lacerda.[5] Consta que, para homenageá-la, o novo dono mudou o nome da propriedade para Santa Gertrudes (porém, o nome antigo perduraria ainda durante algum tempo, como assinalam vários documentos). Avaliada em Rs25:040$000, Santa Gertrudes cultivava na época cana-de-açúcar e já possuía "casa de morada", coberta de telhas, casa de engenho, paiol e trens.[6]

---

[4] A Sesmaria de Morro Azul foi concedida, em 1817, a Joaquim Galvão de França e José Galvão de França, moradores de Itu, e Manuel de Barros Ferraz, da Freguesia de Piracicaba. Media meia légua em quadra na Freguesia de Piracicaba, na cabeceira do rio Pinhal, fazendo pião no lugar denominado Morro Azul (DAESP, *Livro de Sesmarias*, 39, fl. 124). Dessa Sesmaria também se originaram outras importantes fazendas da região, ainda existentes, como Ibicaba, Morro Azul e Paraguassu.

[5] Amador de Lacerda Rodrigues Jordão (1825-1873) era filho do brigadeiro Manoel Rodrigues Jordão, notável pela riqueza e prestígio, e de Dona Gertrudes Galvão de Moura Lacerda, dama honorária do Paço Imperial e figura representativa da sociedade paulista da primeira metade do século XIX. Casou-se em 1852 com Maria Hypolita dos Santos Silva, filha do Barão de Itapetininga; foi agraciado em 1858 com o título de Barão de São João de Rio Claro e exerceu os cargos de deputado provincial e deputado geral por diversas legislaturas (F. de B. Brotero, *A família Jordão e seus afins (aditamentos a Silva Leme)*, São Paulo, s. n., 1948).

[6] São Paulo – Museu Paulista, *Arquivo Aguirre*, fichário 2, gaveta 6 (a localização do documento no acervo desse museu refere-se à relativa ao início dos anos 1970).

Em 1854, a propriedade produzia 3 mil arrobas de açúcar, enquanto outros 25 estabelecimentos agrícolas de Rio Claro já se dedicavam à lavoura do café.[7] Por força da Lei de Terras de 1850, seu proprietário fez a seguinte declaração:

> *Eu, Amador de Lacerda Rodrigues Jordão, declaro possuir no Distrito da Vila de São João de Rio Claro, um sitio com o nome de Santa Gertrudes que julgo ser composto de três partes com a extensão seguinte a primeira de meia legoa de cumprimento e mil e oito centas braças de largura, a segunda com hum quarto de legoa de cumprimento e trezentas braças de largura; e a terceira com trezentas braças tanto no cumprimento como na largura. Diviza este sitio no runmo de Norte a Sul, com terras pertencentes aos Senhores Vergueiro e Companhia e na face opposta com o Senhor Joaquim Antonio de Atahide; no runmo Leste a Oeste divide de hum lado com as terras pertencentes ao Senhor Silverio Rodrigues Jordão e na face oposta com os senhores Major Marcelino de Godoy Bueno e os herdeiros do finado Marianno Correa Aranha. São João de Rio Claro, vinte e nove de maio de mil oito centos e cincoenta e seis. Amador de Lacerda Rodrigues Jordão. O Vigario Antonio Servulo de Andrade Aguiar. Numero du- zentos e sessenta e nove. Appresentado e registrado no Livro segundo a folhas trinta e sete e verso, aos trinta e hum de maio de mil oito centos e cincoenta e seis. Andrade. Pagou de re- gistro mil quatro centos e sessenta reis. Andrade, nada mais. Assinado Antonio Servulo de Andrade Aguiar.* (Arquivo Público do Estado de São Paulo – T.I. Registro de Terras da Parochia de São João de Rio Claro, 1856, Livro Segundo, Registro 269: 37v) (Figura 11)

---

[7] Arquivo Público do Estado de São Paulo – T.I. Ofícios diversos de Rio Claro, 1845-1857, Cx. 396, *Relação dos Fazendeiros de Caffé e Assucar do termo de Rio Claro com sua safra provável em arrobas*, 1854 (Ms). (A localização do documen- to no acervo desse museu refere-se à relativa ao início dos anos 1970.)

Figura 11
Propriedades vizinhas do então ainda sítio Santa Gertrudes em 1856

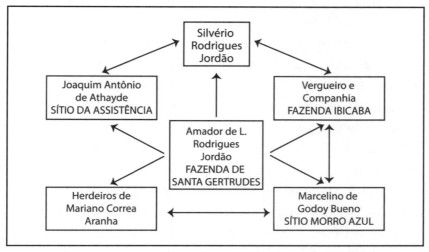

Fonte: Arquivo Público do Estado de São Paulo TI Registro de Terras da Parochia de São João do Rio Claro e Registro de Terras da Parochia de Limeira, 1856, Livros 1º, 2º e 3º.

Em 1856, além de açúcar, a Santa Gertrudes finalmente começou a produzir café. Contudo, em 1861, quando a cafeicultura já se tornara a principal atividade agrícola nas terras rio-clarenses, a produção da propriedade de Amador de Lacerda Rodrigues Jordão ainda era pequena: 6 mil arrobas de café, ao passo que fazendas próximas produziam entre 12 mil a 24 mil arrobas.[8] Nove anos depois, porém, a Santa Gertrudes já era chamada de "fazenda" e se encontrava entre as maiores e mais importantes propriedades de café da província de São Paulo, segundo Taunay (1939-1943).

---

[8] Arquivo Público do Estado de São Paulo – T.I. Oficios diversos de Rio Claro (1857 a 1865), Cx. 397, Mappa demonstrativo dos produtos da exportação deste município da cidade de São João de Rio Claro no anno de 1861 a 1862 (Ms).

Quando Amador de Lacerda Rodrigues Jordão faleceu, em 1873, as terras ficaram para sua esposa, Maria Hypolita dos Santos Silva. Três anos depois, a herdeira contraiu segundas núpcias com Joaquim Egydio de Souza Aranha, Barão e posteriormente Visconde e Marques de Três Rios, que passou a dirigir a fazenda.[9]

O ano de 1876 foi um marco na história da Santa Gertrudes graças à chegada dos trilhos da Companhia Paulista de Estradas de Ferro a Rio Claro, que passavam nos limites da propriedade. Próximo a ela foi construída uma estação ferroviária, então chamada de Estação Santa Gertrudes, para embarque do café e embarque e desembarque de pessoas e outros produtos vindos da capital e do interior paulista. Com isso, o escoamento da produção da fazenda tornou-se mais eficiente. A comunicação com a cidade de São Paulo e com outros locais ficou mais rápida, e a fazenda pôde se desenvolver ainda mais. Em 1900, entre todas as estações do município de Rio Claro, esta era a de maior movimento de embarque de café.

Em 1880, Três Rios iniciou um processo de ampliação da área da fazenda, cujas terras tinham se valorizado muito, comprando e anexando terras da

---

[9] O Marquês de Três Rios, Joaquim de Souza Aranha (1821-1893), era filho de Francisco Egídio de Souza Aranha, precursor das primeiras grandes lavouras cafeeiras de Campinas em meados da primeira metade do século XIX, e de Dona Maria Luiza de Souza Aranha, Viscondessa de Campinas. Casou-se em primeiras núpcias com Dona Ana Francisca Pontes e, em segundas núpcias, com Maria Hypolita dos Santos Silva, viúva do Barão de São João de Rio Claro. Na juventude, foi negociante de tropas. Depois, tornou-se rico proprietário urbano e rural, e foi vereador, deputado provincial, vice-presidente da província de São Paulo. Recebeu os títulos de barão em 1872, visconde em 1879, conde em 1880 e finalmente marquês em 1887 (T. de S. Campos, "Titulares do Império", em *Monografia histórica do município de Campinas*, Campinas, Câmara Municipal de Campinas, 1952, pp. 256 e seg.).

vizinhança. Quando faleceu (1893), a Santa Gertrudes possuía uma área aproximada de 700 alqueires, produzia 30.000 arrobas de café e era listada como a maior propriedade cafeeira do município de Rio Claro.[10] Seus terreiros eram em parte atijolados, e a fazenda já empregava máquinas de beneficiamento do café. Oitenta e cinco casas de trabalhadores relativamente espalhadas dividiam o terreno com os 600 mil pés de café da fazenda. Em 1893, a propriedade foi avaliada em Rs2.380:481$280 (Anexo 6/Quadro 6).

Nessa época, a casa sede da fazenda já possuía requintes de uma rica habitação urbana. "A fazenda próspera, [...] não se conforma com o viver monótono de todos dias e imita a vida da cidade. Os móveis perdem a primitiva rusticidade, há objetos de adorno artísticos, utensílios de prata e metais nobres" (Motta So., s/d: 61).

> O gosto se refinava e as exigências de luxo tornavam cada vez maiores. Tudo se importava – louças, enfeites e talheres. O café pagava. Tudo era muito diferente da época em que Saint Hilaire visitou o interior paulista onde notou frequentemente a pobreza do mobiliário das Fazendas. "Além do catre de madeira e couro cru, só a mesa mal aparelhada e uns bancos rústicos". (Moraes, 1972: XXVII)

Com o falecimento da esposa do Marquês de Três Rios (1894), a fazenda Santa Gertrudes foi herdada por sua irmã, Maria Antonia dos Santos Silva, então

---

[10] Arquivo Público e Histórico do Município de Rio Claro "Oscar de Arruda Penteado". *Relação dos Agricultores de Café do Município de São João de Rio Claro*, 1892 (Ms).

casada com Eduardo Prates[11] que assumiu o comando da propriedade.

Sob a direção de Eduardo Prates, Santa Gertrudes alcançou o auge de seu tamanho e desenvolvimento. Ao contrário dos proprietários anteriores que pertenciam à nobreza do Império, Eduardo Prates recebera o título de Conde de Prates, concedido pelo papa Leão XIII, em "reconhecimento aos seus sentimentos religiosos".[12] Ele também era conhecido e igualmente citado nos almanaques da época como "capitalista", pois se dedicava a atividades comerciais, bancárias, de importação, ao fomento da Companhia Paulista de Estradas de Ferro, da Companhia de Armazéns Gerais de São Paulo, a outras companhias de transportes e industriais, além de possuir inúmeros imóveis urbanos importantes e bem avaliados na capital paulista.

Prates levou para o campo sua vivência de homem de negócios, aberto a inovações, além das benesses de

---

[11] Eduardo Prates (1860-1928), filho de Fidêncio Neponucemo Prates e de Inocência da Silva Prates, neto pelo lado materno do Barão de Antonina, casou-se em 1886 com Maria Antonia dos Santos Silva, filha do Barão de Itapetininga, irmã da Marquesa de Três Rios. De família "de grandes cabedais, inclusive proprietária de grande área central da velha cidade de Piratininga, onde Eduardo Prates era possuidor de uma verdadeira fazenda no local em que se encontra hoje o Viaduto do Chá, o Largo dos Piques, Ruas Líbero Badaró e Formosa, enfim, o grande centro da atual Pauliceia" (A. Prado Guimarães, "O primeiro presidente da rural", em *Rural*, Revista da Sociedade Rural Brasileira, ano XL, n. 476, p. 29, dez. 1970).

[12] Eduardo Prates tinha uma forte ligação com a Igreja de São Paulo. Foi membro da comissão fundadora da nova Sé, Catedral Metropolitana de São Paulo; protetor do Orfanato Cristoforo Colombo; mordomo da Santa Casa de Misericórdia de São Paulo; síndico e protetor do Convento Nossa Senhora da Luz; protetor e provedor da Igreja de Santo Antônio (praça Patriarca); benfeitor do Liceu Coração de Jesus; benemérito da Casa da Divina Providência; provedor da Irmandade Nossa Senhora dos Passos; irmão do Santíssimo da Catedral da Sé; comendador lugar-tenente da ordem equestre do santo sepulcro de Jerusalém.

suas boas relações com a Igreja Católica. Ao assumir o controle da Santa Gertrudes, imediatamente contratou um agrimensor para medir e mapear as terras, e ordenou que fosse feito nos cartórios um levantamento das antigas escrituras da fazenda. Essas medidas o ajudariam a planejar melhor os caminhos da propriedade. O Brasil vivia o auge da entrada de imigrantes em termos de volume, e a fazenda já era a maior produtora de café de Rio Claro. Prates esforçou-se para torná-la ainda mais produtiva e atraente. Atuou para transformá-la em fazenda modelo, como convinha a seus *status* de capitalista e de conde.

Como a maioria dos grandes fazendeiros do Oeste Paulista naquela época, Eduardo Prates morava na capital e dirigia a fazenda através de um administrador, embora a frequentasse com certa assiduidade. Seu contato com a administração da fazenda era contínuo e ininterrupto, mantido por meio da correspondência diária que viajava via trem.

O relatório do administrador que chegava às suas mãos continha uma grande variedade de informações que versavam sobre as condições meteorológicas, os trabalhos desenvolvidos, a quantidade de café colhido e remetido ao porto de Santos, as características dos novos trabalhadores contratados, a lista dos que deixavam a fazenda, as visitas recebidas, os pagamentos executados, as atividades religiosas e outros eventos realizados. Ao que parece, Prates não admitia atraso na correspondência conhecida como "Diária", pois o administrador se desdobrava em desculpas quando, por algum motivo, ela não seguia para a capital pelo trem de costume.

Prates constantemente orientava seu administrador no sentido de contratar mais trabalhadores imigrantes, sobretudo italianos. Essas contratações podiam ser feitas entre as famílias que se encontravam na Hospedaria de Imigrantes ou incentivando "bons trabalhadores", já empregados na propriedade, a atraírem parentes e amigos da Itália com "cartas de chamada" que eram encaminhadas às autoridades da imigração. Esses procedimentos continuaram mesmo na época em que o movimento imigratório geral começou a declinar. Prates também investiu na construção de casas melhores para abrigar seus trabalhadores, na atenção à vida religiosa e na melhoria de algumas condições de saúde, procurando evitar problemas que pudessem afetar o cotidiano da fazenda. O conde procurou, inclusive, estabelecer certa proximidade paternalista com aqueles que trabalhavam para ele. De acordo com depoimentos de ex-colonos, ele "tomava cafezinho" nas colônias com alguma frequência, e sua esposa, a condessa, costumava oferecer bolos para os trabalhadores do terreiro e providenciar o enxoval para bebês nascidos na propriedade. O casal Prates e seus familiares também participavam de festas religiosas e profanas realizadas na fazenda e assistiam a espetáculos artísticos realizados por lá, abertos a todos os empregados, inclusive aos de outras fazendas e aos habitantes da vila vizinha. Dessa forma, cultivaram entre muitos trabalhadores a fama de "homem e mulher de bom coração". Conseguiam, assim, neutralizar vários dos eventuais antagonismos com seus empregados e vizinhos, enquanto deixavam para o administrador o papel de anteparo aos inevitáveis conflitos.

PEDRAS NO CAMINHO

Mesmo no seu período áureo de grande produtora de café e fazenda modelo, Santa Gertrudes teve problemas, enfrentou percalços e amargou prejuízos.

A natureza, que beneficiou a fazenda com clima e solo favoráveis à cafeicultura, também provocou incêndios, geadas, chuvas fortes, nuvens de gafanhoto e pragas. Todas essas eventualidades eram meticulosamente detalhadas na correspondência que o administrador enviava ao proprietário entre os anos de 1895 a 1930, como nos exemplos a seguir:

Sexta-feira e sábado ultimo fez aqui muito frio tendo cahido geada porem muito pouco. O frio prejudicou um tanto a florada. (Fazenda Santa Gertrudes, Copiador 11, 1902: 446)

Tendo pegado fogo outra vez perto do viveiro de café hoje as 4h da manhã, devido a estar ventando muito, foi a turma do Luiz apagal-o, tendo feito aceiros e ocupando-se n'este trabalho até ao meio dia. Hoje felizmente o fogo não se desenvolveu devido ter sido logo abafado. (Fazenda Santa Gertrudes, Copiador 13, 1903: 167)

Devido ao que se atribue ao contato de 2 fios da corrente elétrica em noite tempestuosa, deu-se esta madrugada ao lamentável acidente de manifestrar-se incêndio no telhado da casa de benefício de café desta fazenda e que destruiu em pouco mais de uma hora todo o madeiramento do telhado e as peças do machinismo de beneficiamento apesar de todo [ilegível] empregado pelo pessoal da fazenda e visinhas que acudiram com maxima solicitude aos toques de alarme dado pelos sinos da Fazenda [...] Salvando-se graças a Deus as paredes do Edificio e completamente a casa da tulha principal que foi isolada depois de ingentes esforços na ocasião do sinistro. (Fazenda Santa Gertrudes, Copiador 22, 1909: 319)

Forte chuva de pedras fazendo bastante estragos nos cafezais das Colonias S. Guilherme, S. Joaquim, S. José, Santo Antonio e Santo Eduardo, menos na Colonia Santa Cruz. (Fazenda Santa Gertrudes, Copiador 34, 1916: 411)

Esteve na Fazenda o Ilmo Snr Joaquim de Souza Pinto, Delegado Regional do Instituto Biologico da Defesa do Café, que no talhão 15 de Sto Antonio e S. Joaquim, encontrou alguns cafeeiros atacados pela broca. (Fazenda Santa Gertrudes, Copiador 55, 1930: 221)

Hoje as colonias só se occuparam em espantar gafanhotos nos cafezais de S. Guilherme e Laranjal. Toda a Fazenda acha-se actualmente evadida por eles. Como elles agora estão desovando, é com grande dificuldade que se consegue espantal-os embora se empregue toda a energia. Amanhã continuaremos a espantal-os. (Fazenda Santa Gertrudes, Copiador 17, 1905: 459)

Hoje as 2h da tarde assentou uma gradíssima nuvem de gafanhotos no cafezal de Santa Cruz (como ainda aqui não se viu). Não foi possível tocar-se devido ter chovido um pouco e os gafanhotos não voarem. Os mesmos estão fazendo consideráveis estragos nas plantações e um pouco também no cafezal. (Fazenda Santa Gertrudes, Copiador 18, 1907: 233)

Roubos, atentados, assassinatos e brigas também chegaram a ocorrer esporadicamente na fazenda. Os considerados culpados, em geral, eram capturados pelo próprio pessoal da fazenda e entregues às autoridades policiais de Rio Claro.

Devido a uma questão entre os colonos S.G. e G. dos S., foi por aquele [ilegível] uma facada n'este não sendo grave o ferimento. Ambos colonos moram na Colonia Santo Eduardo onde deu-se a questão. Mandei prender o colono S.G. e amanhã cedo seguirá para Rio Claro a ser entregue a autoridade policial. (Fazenda Santa Gertrudes, Copiador 11, 1902: 327)

Dois camaradas do empreiteiro Antonio Arthur de nomes Moises de Tal e Germano de Tal, pelas 6h e meia da tarde, achando-se embriagados travaram-se de razões resultando o 1º Dar 3 facadas no peito e ventre do segundo. O criminoso foi preso e já se acha na cadeia de Rio Claro e a victima acha-se na Santa Casa da mesma cidade. O Dr. Pignataro considerou graves os ferimentos. (Fazenda Santa Gertrudes, Copiador 14, 1904: 202)

Hoje às 17h, na colônia de São Joaquim, o calabrez J. R. podador de café por empreitada, assassinou à traição, com um tiro, o seu patrício Francisco Natolo evadindo-se em seguida. As autoridades tomaram conta do ocorrido. (Fazenda Santa Gertrudes, Copiador 36, 1917: 198).

A fazenda Santa Gertrudes nunca foi prejudicada por greves prolongadas e de grandes proporções como as que costumavam ocorrer em outras propriedades cafeeiras. A documentação dá notícia de uma greve, em junho de 1896, da qual participaram poucas famílias e que terminou com os líderes "postos na rua" e de outra, em outubro de 1899, que resultou na saída, de 27 famílias da fazenda.

Em 1919, o Patronato Agrícola estadual foi acionado para intervir em uma questão que envolvia o pagamento de alguns colonos. Criado em 1911 para arbitrar disputas trabalhistas entre fazendeiros e trabalhadores, esse órgão tinha "como attribuição máxima tornar effectivas, por todos os meios ao seu alcance, as garantias conferidas pela lei federal aos operários agrícolas" (São Paulo, 1912-1913: 199). No episódio em questão, seu parecer foi favorável ao proprietário.

A movimentação mais comum dos trabalhadores da fazenda com o objetivo de obterem maiores ganhos era a ameaça de paralisação na época do início da colheita. Com isso, os colonos pretendiam elevar o valor a ser pago por alqueire de café colhido em um momento crucial à economia da fazenda, já que a colheita deveria ser realizada assim que o grão amadurecesse. Em ocasiões como essas, o administrador aconselhava o proprietário a ceder para não atrasar a colheita e evitar maiores prejuízos.

> *As colônias de Sta Cruz, Sto Antonio e Sato Eduardo nehgam-se a fazer o serviço da colheita conforme as ordens de V.Exa, alegando que não é do trato fazerem-se duas varrições. Não sei ainda qual atitude que sobre este serviço tomarão as colônias S. Guilherme e S. Joaquim, pois amanhã é que ellas se poderão manifestar.* (Fazenda Santa Gertrudes, Copiador 36, 1917: 94)

> *Todas as colônias se negam a colher o café de acordo com as instruções de V.Exa. alegando uns que não podem andar sempre mettidos no pó da varrição e outros que a colheita levaria mais tempo, preferindo continuar a colher o café em panno. Pelo que consegui saber, as colônias o que pretendem obter com sua recusa é que lhes seja permitido deriçar para o chão e fazerem a varrição por uma só vez, o que não permitti por todos os inconvenientes por V. Exa apontados que derivam desse*

> *systema de serviço, continuando, por isso, a colher em panno como até aqui.* (Fazenda Santa Gertrudes, Copiador 36, 1917: 104)

> *[...] hontem dando eu ordem para o C. ir com os camaradas que trabalham com ele ajudar a recolher milho no Paiol, ele me respondeu que depois que tocam a Ave Maria que não faz mais nada e que era assim se me servia [...].* (Fazenda Santa Gertrudes, Copiador 33, 1916: 451)

Contudo, os colonos, assim como outros empregados que se recusavam a obedecer à administração quando lhes convinha, nem sempre obtinham sucesso em suas demandas.

Famílias para a faina do café

No outono europeu de 1895, Santo Codo, italiano do Vêneto, com 34 anos de idade, sua mulher Ludovica Picelli e seus três filhos pequenos emigraram para o Brasil. Foram contratados como colonos pela fazenda Santa Gertrudes, recebendo uma casa na colônia São Joaquim.

Logo que chegaram, endividaram-se comprando no armazém da fazenda alimentos e instrumentos de trabalho. Perderam um filho para a bronquite e, no final do mesmo ano, uma filha faleceu com problemas no aparelho digestivo. Na fazenda, com o passar dos anos, o casal teria mais cinco filhos, que felizmente sobreviveram à idade adulta.

O trabalho era pesado e envolvia todos da família que podiam colaborar de um modo ou de outro. De início, quando contava com pouca ajuda, Santo Codo cuidava de 3.000 pés de café. Posteriormente, quando os filhos cresceram e passaram a trabalhar com ele, chegou a tratar de 8.000 pés de café. Na época da colheita, a família inteira participava e colhia, dependendo da safra, entre 400 a 900 alqueires de café.

Santo Codo e seus filhos prestavam eventualmente serviços extras à fazenda, recebendo por estes a "diária" que engordava seus ganhos monetários. Participavam também, obrigados que eram por contrato, de serviços não remunerados como abrir ou manter caminhos e estradas, apagar incêndios ou espantar gafanhotos que *prejudicavam a lavoura. Os Codo eram considerados "trabalhadores exemplares" e somente uma vez tiveram que pagar a multa à fazenda por algo fora das regras estabelecidas.*

Para sua subsistência, os Codo plantaram milho, feijão e arroz e criaram galinhas e porcos. Provavelmente possuíram uma ou duas vacas, que lhes garantia leite e derivados, e um cavalo. Próximo a sua casa, mantiveram um pequeno pomar e uma horta. O que não consumiam era vendido nas vizinhanças.

O orçamento familiar era apertado e gasto apenas nos limites das necessidades. As compras, reduzidas ao essencial, sempre que possível eram realizadas nos armazéns dos núcleos urbanos da vizinhança, que vendiam produtos mais baratos que o armazém da fazenda.

Quase uma década depois de chegar ao Brasil, em 1904, a família Codo conseguiu manter em um banco de São Paulo uma poupança no valor de Rs3:573$050. Em 1921 essa poupança chegou a Rs6:360$000.

Em meados dos anos 1920, a família deixou Santa Gertrudes para trabalhar em outra fazenda da região.

Finalmente, nos anos 1930, quando a crise do café abaixou o preço das terras e Santo Codo tinha cerca de 70 anos de idade, sua família pôde comprar um sítio, nas redondezas da Santa Gertrudes. O sonho de todo vêneto que emigrou tornou-se realidade para os Codo: "finalmente, eram proprietários de terra! Eram vencedores".[13]

---

[13] Os relatos sobre Santo Codo e sua família transcritos neste livro tiveram como referências Pignataro (1982) e Bassanezi (2003a).

A ATRAÇÃO DE MÃO DE OBRA

Em meados dos anos 1890, o movimento imigratório em direção ao Brasil estava em seu apogeu. Poucos anos haviam se passado da Abolição da Escravatura no país (1888) e cerca de uma década do início da política imigratória que visava atrair "braços para o café".

A propaganda do governo brasileiro na Europa (que incluía informações sobre a fazenda Santa Gertrudes), o trabalho de agentes recrutadores e as "cartas de chamada" levavam muitos imigrantes com viagem subsidiada pelo governo paulista (a maioria) ou pelo governo federal, e até alguns "espontâneos" (que haviam bancado a própria emigração), a se encaminharem diretamente à fazenda Santa Gertrudes.[14]

O administrador da fazenda documentava e repassava ao proprietário todas as informações a respeito das solicitações para que famílias imigrantes, aparentadas ou amigas de "bons trabalhadores", viessem diretamente da Itália.

> [...] *vae junto uma lista de famílias de colonos que estão na Itália e querem vir se reunirem aos parentes colonos desta Fazenda, porém eles não têm dinheiro para os transportarem até Gênova; julgo que por intermédio de A [ilegível] introdutor de imigrantes eles poderão vir sem despesas e por conta da imigração.* (Fazenda Santa Gertrudes, Copiador 1, 1895: 55)

> [...] *Peço a V. Sa. o favor de mandar vir da Itália Marabeu Giuseppe e sua família, cunhado do colono Picelli Pietro*

---

[14] Essa propriedade era referida na documentação da época como Fazenda de Santa Gertrudes. Na escrita deste livro, optou-se por nomeá-la fazenda Santa Gertrudes como é atualmente conhecida.

> *desta Fazenda de Santa Gertrudes, propriedade do Ilmo.*
> *Snr. Eduardo Prates [...].* (Fazenda Santa Gertrudes,
> Copiador 4, 1898 [n. página rasgado])

Ele também registrava a chegada de todas as famílias contratadas, tanto as contatadas na Itália, quanto as encontradas na Hospedaria de Imigrantes e as vindas de outras fazendas paulistas.

> *Chegou hontem a esta fazenda uma família de colonos*
> *vinda diretamente da Itália e um irmão do Snr Matheus,*
> *é composta a família de cinco pessoas sendo duas de tra-*
> *balho. Hoje mandei buscar na fazenda do quilombo do*
> *Dr. Ezequiel uma outra família também muito boa com*
> *quatro pessoas de trabalho pagando-lhe um débito de*
> *[Rs]135$000. Confirmo minha ultima de 25 sendo por-*
> *tador o colono Caetano Piconi que foi se encontrar com*
> *sete famílias parentes todas dele e prometeu-me trazel-as e*
> *mais alguns se pudesse. Esses colonos já devem ter chega-*
> *do no vapor Edylio R., esperado no dia 25.* (Fazenda de
> Santa Gertrudes, Copiador 1, 1895: 151)

A Hospedaria de Imigrantes que acolhia recém-chegados ao estado de São Paulo, principalmente os que deveriam se dirigir às fazendas de café, funcionava na época como um "mercado", onde os fazendeiros buscavam (pessoalmente ou por meio de representantes) trabalhadores para suas propriedades, como relatou o viajante francês Pierre Denis.[15]

---

[15] Pierre Denis era geógrafo, esteve no Brasil e publicou a obra *Visions du Brésil* em 1909. Essa obra, que teve inúmeras edições, tornando-se um clássico, traz relatos e suas impressões sobre a paisagem, a sociedade e a vida brasileira em geral.

[A cidade de] São Paulo não é apenas um mercado de produtos, mas também um mercado de homens. [...]. É São Paulo que distribui entre as diversas regiões cafeeiras o fluxo de imigrantes desembarcados em Santos. É lá que se negociam os contratos entre os fazendeiros e imigrantes. E é lá que se reúnem os trabalhadores que deixam o local onde eram empregados anteriormente em busca de um novo patrão. (Denis, 1911: 111-12; tradução da autora).

[...] É lá [na Hospedaria] que eles [imigrantes] contratam um primeiro trabalho. [...] Os fazendeiros em busca de trabalhadores contatam os recém-chegados ou enviam emissários que falam a sua língua. A Hospedaria era o mercado de mão-de-obra. Os preços subiam quando a procura era grande e havia concorrência entre os fazendeiros; eles diminuíam caso contrário. O mercado era público e os colonos podiam comparar as ofertas. (Denis, 1911: 133-34; tradução da autora).

A fazenda Santa Gertrudes também se empenhava em ajudar os imigrantes contratados a recuperar bagagens que eventualmente haviam ficado na Imigração, contribuindo para fixá-los em suas terras.

Ilmo Snr Eduardo Prates
São Paulo

O portador d'esta é o colono d'esta fazenda por nome Venturoso Giacomo que vai a esta capital a fim de ver sua bagagem que está na Immigração. Peço a V.Sa. o favor de guia-lo ahi a fim de que possa ele despachar para aqui a referida bagagem. Sou com estima de V.Sa.
João Gouvea [administrador]
(Fazenda Santa Gertrudes, Copiador 3, 1898: 375)

Ilmo Snr Eduardo Prates
São Paulo

Segue juncto a esta o passaporte do colono Pazzoline Angelo e a chave de uma malla com roupas que o referido colono deixou na Immigração.
Peço a V.Sa. o favor de mandar ver na Immigração o referido volume por que até hoje ainda aqui não chegou e o colono está precisando muito de roupas. Remetto o passaporte a fim de v.Sa. poder colher da Immigração melhores informações sobre tal volume. (Fazenda Santa Gertrudes, Copiador 10, 1901: 189)

Contudo, nem todos os recém-chegados correspondiam às expectativas da fazenda. Muitos acabavam fugindo, deixando o serviço incompleto e dívidas. Outros, descontentes, acabavam "criando problemas" com suas reivindicações. Assim, eram frequentes as reclamações encaminhadas ao serviço de Imigração para que houvesse uma melhor e mais escrupulosa seleção do pessoal.

Pedia mais a Va. Excia recomendasse a pessoa que está encarregada de para aqui remeter famílias, fazer uma escolha mais escrupulosa, pois as ultimas famílias que vieram, parte delas não se podem conservar aqui para a utilidade da Fazenda. (Fazenda Santa Gertrudes, Copiador 35, 1917: 25).

No final do século XIX, em virtude de denúncias sobre más condições enfrentadas por imigrantes italianos nas fazendas paulistas, a Itália procurou inibir a emigração daqueles que não tivessem condições de se manter no Brasil. Contudo, isso não conteve o movimento emigratório em direção a São Paulo. Maior êxito alcançou em 1902, no que ficou conhecido como "Decreto Prinetti", "que não foi decreto, não foi de Prinetti, nem proibiu definitivamente a emigração para o Brasil" (Alvim, 1986: 53), que acabou freando a vinda ao país de italianos subsidiados pelo governo brasileiro estadual e federal, mas não a emigração espontânea.

A fazenda Santa Gertrudes continuou a dar preferência a italianos, atraindo imigrantes espontâneos ou aqueles que estavam já há algum tempo na cafeicultura, residindo em fazendas da região. Para isso, utilizava-se de intermediários que, mediante gratificação, buscavam cooptar esses trabalhadores.

> *Vindo da Estação de Colonia para onde havia seguido hontem a fim de ver os colonos que estavam para retirarem-se da "Fazenda Lobo" chegou a esta o Bressan Luigi não tendo nada conseguido porque colonos se haviam contratados em outra fazenda.* (Fazenda Santa Gertrudes, Copiador 11, 1903: 170)

A Primeira Guerra Mundial interrompeu quase totalmente o movimento migratório originário na Europa. Nessa época, também estava em curso o êxodo de trabalhadores de zonas cafeeiras mais antigas em direção às mais novas, onde a cafeicultura e a agricultura de subsistência eram mais rentáveis, ou em direção aos núcleos urbanos em desenvolvimento, que ofereciam oportunidades de trabalho nos setores secundário e terciário da economia.

Diante da expectativa de uma grande safra e da falta de braços, a Secretaria da Agricultura do Estado de São Paulo promoveu um acordo com autoridades do Uruguai e da Argentina para estabelecer "permuta de trabalhadores", visto que a época de colheita (a de maior faina na lavoura) daqueles países não coincidia com a da colheita do café em São Paulo. A fazenda Santa Gertrudes, então, acabou recebendo várias famílias vindas da região Platina.

Exmo.Snr. Director Estadual do Trabalho
São Paulo

Sem ter eu recebido aviso dessa repartição chegaram há dias a esta dizendo virem d'aí a família de Catalina Aragon, chegados da Argentina, no dia 18 do mez pp no vapor Desna. Como até agora não tenha recebido e que já cá chegaram, rogo a V.Exa a finesa de providenciar, a fim de que o referido conhecimento me seja remetido o mais breve possível [...].
Mario Simões Coelho [administrador]
(Fazenda Santa Gertrudes, Copiador 35, 1917: 294)

Procedentes da Argentina e vindos por intermédio da Immigração chegaram hoje a esta 3 familias de colonos [...] todos de nacionalidade hespanhola (Fazenda Santa Gertrudes, Copiador 35, 1917: 356)

A geada de 1918, por sua vez, ao dizimar milhares de cafeeiros no estado de São Paulo, ampliou o êxodo de trabalhadores que deixavam a cafeicultura, causando enormes prejuízos às fazendas.

Nos anos de escassez de mão de obra, para impedir que os trabalhadores recém-contratados desistissem do acordo feito com a fazenda, era solicitada uma garantia, que podia ser em dinheiro ou em espécie.

José Bobich depositou no escritório desta 6 libras em ouro como garantia da sua vinda como colono para esta no anno agrícola 1918-1919. (Fazenda Santa Gertrudes, Copiador 37, 1918: 160)

Recebido de Jose Ferreira como garantia de sua vinda para esta como colono no anno agrícola 1918-1919 80.000. (Fazenda Santa Gertrudes, Copiador 37, 1918: 190)

4 carroceiros foram a Fazenda "Boa Esperança" em Morro Grande para trazer cereais de garantia da vinda para esta de 3 famílias de colonos. (Fazenda Santa Gertrudes, Copiador 42, 1921: 83)

Nesses anos, os administradores das fazendas, buscando garantir o efetivo, empregavam toda sorte de estratagemas, incluindo os desonestos, para atrair trabalhadores para as propriedades que administravam. A Santa Gertrudes chegou a perder vários braços dessa forma.

Tendo adquirido a certeza com provas absolutas que a administração da Fazenda [...] mandou buscar as famílias que daqui fugiram no dia 16 ao cafezal da divisa daquela com essa fazenda e que a fuga foi clandestinamente combinada com aquela administração, que não ignorava que os aludidos colonos estavam em divida com esta Fazenda, mandei conta do importe dos débitos dos mesmos colonos ao administrado daquela Fazenda, que monta 333$063, para que ele a pagasse, tendo ele porém recusado a fazê-lo. (Fazenda Santa Gertrudes, Copiador 40, 1920: 131)

J. I. hoje aqui preso, colono da Fazenda [...] sendo interrogado em estado de embriaguez, disse que o administrador daquela Fazenda é que o havia mandado convidar famílias para irem para ali sob promessa de 60$000 por família que ali fosse. (Fazenda Santa Gertrudes, Copiador 40, 1920: 252)

Embora japoneses tenham sido introduzidos no Brasil em 1908, a fazenda Santa Gertrudes começou a recebê-los somente em 1918 e 1919, pois continuava a preferir os imigrantes italianos e seus descendentes, sobretudo, e em seguida portugueses e espanhóis. Os japoneses acabaram chegando a essa fazenda através do Syndicato de Imigração para o Brasil "Brazil Imin Kumiai", após passarem pela Hospedaria de Imigrantes, acompanhados de intérprete. Esse intérprete devia permanecer na fazenda, intermediando o contato entre os trabalhadores japoneses, a administração e os demais moradores, transmitindo ordens e reivindicações, e ajudando na coordenação e vigilância do trabalho desses recém-chegados.

> *Vindas da Immigração de S. Paulo, chegaram hoje a esta pelo P1 14 famílias de colonos japonezes, numa totalidade de 53 pessoas, acompanhadas pelo interprete Sr. Miake Eijiro, que fica também no serviço desta como diretor das mesmas famílias. Todos ficaram instalados na Colonia de São José sendo-lhes fornecida uma refeição ao chegarem.* (Fazenda Santa Gertrudes, Copiador 37, 1918: 338)

Inicialmente, os japoneses não decepcionaram o administrador da Santa Gertrudes, que não poupou elogios quanto à sua habilidade como apanhadores de café. Mas, segundo esse administrador, gastavam demais, acima de seus ganhos, no armazém da fazenda.

> *Os colonos japoneses teem até agora dado provas de serem trabalhadores e de se adaptarem muito bem ao serviço [...] colhem mais que os velhos.* (Fazenda Santa Gertrudes, Copiador 37, 1918: 370)

Seus ganhos [dos japoneses] ficam muito aquém da despesa de alimentação que fazem, pois nos primeiros quinze dias fizeram todos uma despesa total de Rs958$000, sendo 658$600 de alimentos e 299$ de panno e peneiras ao passo que apenas ganharam 126$500. (Fazenda Santa Gertrudes, Copiador 37, 1918: 370).

As famílias japonesas, porém, frustraram-se com a Santa Gertrudes. Das que lá chegaram entre 1918 e 1919, a maioria fugiu na calada da noite, auxiliada por conterrâneos, deixando para trás dívidas não pagas. Boa parte delas seguiu em direção oeste, onde havia novas terras de cultivo que se mostravam mais produtivas.

A fazenda Santa Gertrudes procurava, por todos os meios disponíveis, descobrir o paradeiro dos fugitivos. Nem sempre obtinha sucesso.

Amg. e Senhor
Levo ao vosso conhecimento que fugiram desta Fazenda mais sete famílias japonezas das quaes consegui deter em meio a fuga três delas. As outras quatro [...] acham-se na Fazenda Sto Antonio, na Estação de Sta Cruz das Palmeiras e ao que me consta por uma carta que apreendida e que lhes remetto com esta, tem sido o colono G. Y. que ainda aqui se encontra o agenciador e preparador dessas fugas [...]. (Fazenda Santa Gertrudes, Copiador 38: 329, carta endereçada ao gerente da Companhia Brazil Imin Kumiai pela fazenda, 12/03/1919)

Em setembro de 1919, já não restava um único trabalhador japonês na propriedade, a maioria havia fugido. A geada de 1918, que levou ao declínio da produção, propiciou ganhos muito menores que os esperados pelas famílias japonesas recém-chegadas. Além disso, particularmente em uma fazenda que se orgulhava da unanimidade dada ao culto católico e privilegiava a presença de colonos italianos, como a Santa Gertrudes, o choque de culturas e a barreira da língua foram muito maiores do que em outras propriedades. De fato, diferentemente do que ocorreu na Santa Gertrudes, fazendas cafeeiras em áreas mais ao norte e oeste, como a Cambuhy, em Matão, tiveram êxito com a imigração japonesa (Little, 1960).

Em virtude da escassez de mão de obra, em 1920, a Santa Gertrudes, assim como outras fazendas, passou a se interessar finalmente pela mão de obra migrante nacional, até então muito pouco utilizada em propriedades cafeeiras. De fato, a crescente saída de europeus e de seus descendentes das fazendas em direção às cidades acelerou o processo de absorção de mão de obra de origem nacional, sobretudo de nordestinos, no trabalho do cafezal.

A necessidade de braços para a colheita do café no estado de São Paulo, por um lado, e a seca que estava assolando o estado do Ceará, deixando grande número de agricultores sem trabalho, por outro, levaram os governos paulista e cearense a estabelecer um acordo para facilitar o emprego de trabalhadores cearenses nas fazendas paulistas. Contudo, a chegada das chuvas trouxe novas esperanças a muitos cearenses, anulando, na prática, o acordo anteriormente feito. Mesmo assim, grandes proprietários paulistas, entre eles o da Santa Gertrudes, necessitando com urgência de mão de obra, negociaram diretamente com alguns chefes de polícia de cidades nordestinas para conseguir braços para suas fazendas. Entre 11 de janeiro e 7 de abril de 1920, chegaram à Santa Gertrudes mais de uma centena de famílias cearenses.

> *Acompanhados pelo agente da polícia secreta do Ceará, Snr Francisco Gomes da Silva, chegaram hoje a esta mais 34 famílias de colonos cearenses no total de 156 pessoas, sendo 77 de trabalho.* (Fazenda Santa Gertrudes. Copiador 40, 1920: 14)

Portanto, foi somente quando a mão de obra internacional deixou de ser viável que se pensou no trabalhador nacional em maior escala para a cafeicultura paulista, indo buscá-lo no Nordeste. Antes disso, alguns preconceitos haviam dificultado o uso da mão de obra nacional. Entre eles, a ideia de que esta não se adaptaria ao trabalho nas fazendas, pois seria indisciplinada, ociosa, violenta. Acreditava-se também que os antigos escravos teriam dificuldades em uma nova forma de organização do trabalho e que era melhor contratar gente de "raça superior", ou seja, brancos europeus. A situação reinante na Itália e em outros locais da Europa, por sua vez, permitiu por um bom tempo à cafeicultura paulista dispor de mão de obra barata em quantidade razoável, de custo relativamente baixo quanto ao transporte internacional, enquanto o transporte inter-regional para trabalhadores nacionais era deficitário e custoso. Além disso, fazendeiros e políticos nordestinos eram contrários à transferência de mão de obra para fora da região (Graham e Hollanda Filho, 1971; Graham, 1973; Balán, 1973).

Os fazendeiros paulistas interessados na mão de obra cearense pagavam a passagem dos trabalhadores que vinham, por mar, até o porto de Santos e, por estrada de ferro, até a Hospedaria, em São Paulo. Bancavam ainda seu trajeto por trem até a estação ferroviária mais próxima à sua propriedade. Os recursos necessários para a manutenção das famílias trabalhadoras durante os primeiros meses também eram proporcionados pelos fazendeiros, mas sob a condição de que seriam reembolsados posteriormente.

O PERFIL DAS FAMÍLIAS

As famílias vindas da Europa para trabalhar nas fazendas de café geralmente não ultrapassavam quatro ou cinco pessoas. Os passaportes, as Listas de Navios e os Livros de Matrícula da Hospedaria de Imigrantes do estado de São Paulo mostram também que, na sua maioria, essas famílias eram relativamente jovens, formadas só pelo casal ou pelo casal com filhos solteiros e pequenos. Tratava-se, portanto, de famílias em pleno processo reprodutivo, com possibilidades de crescer em tamanho na nova terra.

Havia ainda famílias compostas por um só cônjuge acompanhado por todos os seus filhos ou apenas alguns deles. Algumas, em menor número, traziam também o pai e/ou a mãe do chefe da família. Outras eram acompanhadas pelo filho casado, a nora e os netos ou os sobrinhos do chefe da família. Muito raramente uma filha casada ou o sogro ou a sogra do chefe acompanhavam o grupo familiar imigrante. Isso provavelmente se explica pelo fato de a cultura dominante nas áreas rurais da região centro-norte da Itália – que forneceram a maioria dos trabalhadores para o café – ser marcada por valores patrilocais que determinavam que o novo casal que se formasse deveria residir com a família do noivo.

Nessas áreas rurais italianas, a estrutura familiar dependia das condições concretas de existência, posses e trabalho. Assim, meeiros, pequenos proprietários e arrendatários viviam longos períodos de sua vida em domicílios compostos por três gerações, unindo duas, três ou mesmo quatro unidades de famílias compostas pelo casal e filhos. "As famílias vênetas contavam com doze ou até quinze elementos ao todo. Normalmente com dois ou três homens e suas respectivas mulheres e filhos [...]. Todos viviam do pequeno núcleo de terra que lhes pertencia" (Alvim, 1986: 30). Já os *braccianti* (trabalhadores assalariados) viviam em geral em domicílios de uma única família composta pelo casal ou pelo casal e filhos, ou um cônjuge e filhos.

A maioria dos italianos que vieram para a cafeicultura brasileira era composta por *braccianti*, o que em parte explica a predominância de famílias jovens e pequenas aportadas em Santos (Barbagli e Kertzer 1990; Barbagli, 1996; Alvim, 1986) e, claro, entre as que foram trabalhar na fazenda Santa Gertrudes.

Por outro lado, havia normas do governo brasileiro que acabaram também moldando as características da família imigrante destinada aos cafezais. Tais normas deveriam ser seguidas para a obtenção de subsídios à viagem. Exigia-se, por exemplo, que, no grupo familiar, houvesse ao menos um indivíduo do sexo masculino, entre 12 e 45 anos, e que somente poderiam ser incluídos na passagem como membros dependentes da família pais, avós, irmãos solteiros, cunhados e sobrinhos órfãos do chefe da família, além de mulheres casadas que viessem se reunir a seus maridos no Brasil; primos e parentes mais distantes não entravam nessa classificação (Holloway, 1984). Essas regras se explicam pelo fato de que, para a cafeicultura, o que mais importava era a quantidade de membros aptos para o trabalho ("pessoas de trabalho"), preferencialmente homens saudáveis entre 12 e 60-65 anos.

A própria Hospedaria de Imigrantes colaborava com os interesses dos fazendeiros de café classificando os imigrantes por sexo e grupo etário (menores e maiores de 12 anos; e, entre estes, os de 12 a 45 anos e os maiores de 45 anos). Isso não significa que, na prática, crianças com idades abaixo de 12 anos deixassem de contribuir com algum trabalho para a sobrevivência da família nas fazendas.

De um conjunto de 63 famílias italianas, recémchegadas ao Brasil, localizadas nos livros de matrícula da Hospedaria de Imigrantes e que se destinaram diretamente à fazenda Santa Gertrudes entre 1897 e 1902, 46 eram constituídas pelo casal e filhos, 3 somente pelo casal, 2 com apenas um cônjuge e filhos (famílias nucleares) e 12 formadas pelo casal, filhos e outros parentes do chefe. Tinham em média cinco pessoas. As mulheres que compunham as unidades familiares compostas pelo casal ou pelo casal com filhos não tinham mais que 49 anos e os homens não mais que 55 anos de idade. As mulheres casadas possuíam em média 33,8 anos, os homens casados 37,4 anos e os filhos 7,2 anos em média. No conjunto dessas famílias havia 127 homens para cada 100 mulheres[16] (Bassanezi, 1986a).

É possível que as normas existentes para migrar, no momento de preencher o passaporte e outros documentos, seccionassem grupos familiares que compunham domicílios complexos. Assim, grupos com relação de parentesco ou mesmo de vizinhança poderiam emigrar em conjunto, ainda que isso não ficasse registrado.

A "chamada de parentes" também era capaz de restabelecer no Brasil vínculos familiares tradicionais que haviam sido "dissolvidos" no momento de embarcar. Além disso, é possível pensar que nas áreas cafeeiras do novo país, com o tempo e dependendo das circunstâncias, voltassem a ser formados domicílios complexos como os que existiam na Europa.

Os grupos familiares cearenses que chegaram para o café na segunda década do século XX difeririam pouco dos europeus em relação ao tamanho, à composição e na proporção de famílias nucleares, aquelas compostas apenas pelo casal, por casal e filhos ou por apenas um cônjuge e filhos. Nestas, contudo, havia mais mulheres

---

[16] Naqueles livros também foram identificadas, entre 1903 e 1914, 25 famílias vindas diretamente da Hospedaria de Imigrantes para a fazenda Santa Gertrudes, das quais sete eram italianas, constituídas em média por sete pessoas, sendo três de trabalho. Eram famílias que imigraram sem subsídios à viagem e que estavam em uma fase do ciclo vital mais adiantada que as que chegaram primeiro. Nesse grupo havia ainda três famílias austríacas, cinco portuguesas e cinco espanholas, com respectivamente 4,4, 5,3 e 5,4 pessoas em média, todas possuindo 2,5 pessoas aptas ao trabalho. As famílias japonesas que vieram trabalhar nessa mesma fazenda quase dez anos depois do início da imigração japonesa para o Brasil, entre 1917 e 1919, eram bem menores que as europeias, possuíam apenas três pessoas. No entanto, em sua maioria eram artificiais, pois estranhos estavam enquadrados à unidade familiar a fim de cumprir as exigências contratuais (Bassanezi, 1986a).

que homens e é possível que tenham vindo para se reunir a maridos que haviam chegado anteriormente. A composição das famílias não nucleares cearenses trazia outros tipos de parentes não contemplados nas famílias europeias não nucleares.[17]

Para dar conta de seus cafezais, a Santa Gertrudes necessitava de cerca de 150 famílias a cada ano agrícola. Nem todas elas eram recém-chegadas ao estado de São Paulo e, portanto, se encontravam em diferentes etapas do ciclo vital. Entre 1909 e 1918, por exemplo, as famílias tinham em média 6,6 pessoas, dois terços delas eram de origem italiana (*oriundi*) constituídas de 7 pessoas em média, comprovando o peso significativo das famílias *oriundi* no universo dessa fazenda.

Independentemente de tamanho e origem, as famílias que labutavam nos cafezais estavam subordinadas ao regime de trabalho conhecido como "colonato", o sistema típico da cafeicultura paulista.

O COLONATO

O colonato representou o ponto culminante de uma série de tentativas em busca de uma forma de organizar e controlar o processo de produção do café a partir de meados do século XIX, quando se instalou a crise do sistema escravista. Em um primeiro momento, muitas fazendas tentaram introduzir trabalhadores livres em suas terras, de preferência europeus constituídos em

---

[17] Para o ano de 1920, foram localizadas nos Livros de Matrícula da Hospedaria de Imigrantes 132 famílias vindas do Ceará diretamente para a fazenda Santa Gertrudes, das quais 14 eram formadas por casais e 63 pelo casal com filhos (5 pessoas em média), 9 por um cônjuge e filhos e 46 com uma composição familiar mais complexa (Bassanezi, 1986a).

unidades familiares, em regime de "parceria". Mas esse sistema não alcançou os resultados esperados.[18]

Sob o colonato, a denominação "colono"[19] designava não apenas o trabalhador isolado, mas também todo seu grupo familiar. Ao contratar o colono, o fazendeiro na realidade estava contratando o trabalho de todos os elementos da família. Portanto, em se tratando da cafeicultura paulista, "colono" e "família colona" têm o mesmo significado.

Na fazenda, o chefe e todos os membros aptos de sua família executavam o que chamavam de "trato do café", ou seja, eles cuidavam do cafezal – trabalho que consistia em fazer a limpeza das ervas daninhas ("carpir") de três a cinco vezes ao ano, adubar os cafeeiros, replantar as falhas, cortar galhos secos e quebrados, e também colher os grãos de café – mediante pagamento predefinido em dinheiro. Assim, à família colona era atribuído um determinado número de cafeeiros, que deveria ser cuidado segundo as exigências estipuladas no contrato estabelecido com a fazenda (Anexo 3). Por esse serviço ela recebia, durante o ano agrícola, em moeda corrente, bi ou trimestralmente, o valor relativo a cada mil pés de café sob seus cuidados. O número de pés de café sob sua responsabilidade, por sua vez, estava atrelado ao número de seus membros aptos ao trabalho, identificados na documentação como "pessoas de trabalho" (Figura 12).

---

[18] Sobre o regime de parceria ou de colonato ver: Davatz (1941), Holanda (1967), Witter (1974), Costa (1966). Sobre colonato: Martins (1979), Dean (1977), Sallum (1982), Holloway (1984), Alvim (1986), Vangelista (1982), Stolke (1986).

[19] Em áreas de pequena propriedade rural, principalmente no sul do país, o termo *colono* teve uma conotação diferente: era aquele que recebeu ou comprou terras onde desenvolveu uma cultura de subsistência para o abastecimento do mercado interno, também em base familiar.

Figura 12
Trato do café (Acervo Museu Paulista. Óleo de Antonio Ferrigno, 1903)

As etapas anteriores a esse trabalho – a derrubada da mata e a queimada –, tarefas mais pesadas e rudes, ficavam a cargo principalmente de trabalhadores nacionais. Já a formação dos cafezais, um serviço de longo prazo, era executada por empreiteiros também conhecidos por "formadores", que tanto podiam ser nacionais como estrangeiros com algum conhecimento sobre a cafeicultura.

A condução do café das plantações à sede era realizada por "carreiros" e o transporte do café para a estação ferroviária, de onde era embarcado para o porto de Santos, por "carroceiros". As tarefas no lavador e no terreiro eram executadas por "camaradas" e o beneficiamento, por homens com conhecimento e habilidade para manipular as máquinas, chamados de "maquinistas".

A família colona também deveria realizar a colheita do café, recebendo como pagamento uma quantia proporcional ao volume do café colhido por ela, medido em alqueire (um alqueire de café colhido equivalia a 50 litros). Esse pagamento podia ser realizado no final da colheita ou mensalmente no período em que durasse a colheita. Os frutos eram colhidos à medida que amadureciam. Durante a colheita, o cafezal representava uma unidade, ou seja, não havia pés designados a essa ou àquela família (como no caso do "trato").

O volume de café colhido, ou em outros termos, o valor que a família recebia por esta atividade, variava não só de acordo com a composição familiar e sua consequente capacidade de trabalho, mas também porque o café alternava ano de boa colheita com ano de colheita não tão farta (Figura 13).

Para cada alqueire de café colhido, o colono recebia na fazenda Santa Gertrudes uma espécie de ficha, o "patacão". No final de cada dia de colheita, os patacões eram contabilizados; a quantidade e o valor do café colhido eram registrados tanto na caderneta do colono como no livro "Conta-Corrente" da fazenda.

Membros da família colona podiam também prestar serviços avulsos à fazenda e recebiam por eles uma quantia fixa em dinheiro, denominada "diária".

Figura 13
Colheita do café (Acervo Museu Paulista. Óleo de Antonio Ferrigno, 1903)

Em média, cada homem adulto conseguia cuidar de 2 mil pés de café e colher, contando com um pouco de ajuda da mulher e dos filhos pequenos, 250 alqueires de grãos maduros.

As informações contidas no livro *Registro de pés de café entregues aos colonos*, para os anos 1909-1918, mostram que as famílias italianas nesse período possuíam mais "pessoas de trabalho" que as demais famílias, inclusive, devido ao momento de seu ciclo familiar um pouco mais velho que o das outras, pois eram famílias imigrantes chegadas há mais tempo no Brasil. Elas cuidavam de 6.267 pés de café e colhiam 770 alqueires em média, enquanto as demais famílias tratavam de 5.205 pés de café e colhiam 641 alqueires em média. As italianas também acrescentavam ao orçamento doméstico 54 "diárias" trabalhadas, ao passo que as demais, 39 em média.

A documentação da fazenda apresenta o saldo de que as famílias dispunham no final do ano agrícola, momento de acerto de contas com o fazendeiro. Ele diz respeito apenas ao recebido pelo colono com o trabalho *para* a fazenda, portanto não inclui o rendimento obtido com a venda do excedente da sua produção de subsistência em terras cedidas pelo fazendeiro e a que tinha direito por contrato, como será visto a seguir. O saldo final em dinheiro que a família colona teria direito a receber da fazenda estava vinculado principalmente à colheita, uma vez que era no fim do ano agrícola que a fazenda pagava a última parcela relativa a esta atividade e debitava o valor que o colono devia a ela. Assim, embora "saldo positivo" não signifique a capacidade de poupar da família, ele indica, conforme se conclui a partir da documentação, que a maioria das famílias colonas acabava o ano agrícola sem dívidas com a fazenda.

O valor pago às famílias colonas para o trato do café, colheita e outros serviços avulsos variava de região para região, de fazenda para fazenda, de ano para ano dentro de uma mesma fazenda. Eventualmente, a família colona conseguia alguma remuneração extra para executar outras atividades, por exemplo: confecção de jacás para mudas, confecção de peneiras, castração de leitoas, carpas e replante de café de responsabilidade de outros colonos. Tarefas que certamente dependiam da disponibilidade de tempo para sua execução, do surgimento de oportunidades oferecidas pelo fazendeiro e de habilidades específicas.

O trato do cafezal, tanto em relação ao tamanho da família como em relação à quantidade de "pessoas de trabalho", chegava a representar quase a metade do valor monetário que o colono recebia da fazenda, enquanto a colheita era responsável por cerca de 40%, ficando o restante por conta das "diárias" e de outros serviços prestados à fazenda.

A proporção de cada uma dessas fontes de renda estava diretamente ligada à produtividade do cafezal, ou seja, à quantidade de café colhido. Isso acontecia porque a tendência do cafezal era produzir boas colheitas em anos alternados. (No ano de 1918, devido à grande geada, o trato chegou a representar mais de 60% do valor recebido da fazenda e a colheita aproximadamente 13%.)

Como o pagamento pelo trato manteve-se mais ou menos estável no período analisado, eram os serviços avulsos, as "diárias", que de certa forma compensavam a diminuição dos ganhos em ano de má colheita, mas não totalmente. Isso porque, para os serviços avulsos, quase não se recrutavam mulheres e crianças (que sempre atuavam na colheita) e também porque dependiam das necessidades reais da fazenda no momento. Já uma boa colheita impossibilitava a família de dispor muito de seus membros para o trabalho avulso, por isso, nesses anos, diminuía sensivelmente a quantidade de "diárias" no rendimento familiar.

Uma boa safra significava para o colono esperança de pecúlio ou pelo menos de um pouco mais de conforto, enquanto um ano de menor volume de colheita era um grande desafio para as famílias.

> *Ah! Cara de Dio, precisava pensar então aí. Porque nóis falava: "Este ano não tem colheita [...]. A gente procura economizarem outra parte ou engoda mais algum porco para ir refazendo, não é?"* (Depoimento de ex-colono, 1971)

Por ocasião de ótimas safras, a fazenda costumava também dar às famílias colonas alguma gratificação monetária.

> *Bortoloto Milano, italiano em 1909 possuía uma família com sete membros sendo apenas dois "de trabalho". Nesse ano a família tratou de 3.742 pés de café, colheu 341 alqueires e prestou oito dias de serviço extra à fazenda. Em 1917 a família havia aumentado para 11 membros sendo quatro "de trabalho". Os pés de café aos seus cuidados e o volume da colheita alcançaram respectivamente: 8.399 pés e 895 alqueires. Nesse ano, os membros da família prestaram*

70 dias de trabalhos extras à fazenda. Em 1923 tratou de 9.699 pés de café... (Fazenda Santa Gertrudes, Conta-Corrente, 1909-1923 e Registro do Café Entregue aos Colonos, 1909-1918)

Em 1909, a família do espanhol Juan Acedo era composta de quatro pessoas, duas das quais tidas como "de trabalho". Esta família era responsável pelo trato de 4.478 pés de café, colheu 599 alqueires desse grão e prestou 18 dias de trabalho extra a fazenda. No ano seguinte, provavelmente nasceu mais um filho, pois a família passou a ter cinco pessoas, mas só duas continuavam registradas como "de trabalho". Até 1913 a composição da família permaneceu a mesma, cuidando em média de 5.000 pés de café e colhendo cerca de 500 alqueires em média por ano. Contudo, elevou o número de dias extras trabalhados para a fazenda em 40 em média. (Fazenda Santa Gertrudes, Conta-Corrente, 1909-13 e Registro do Café Entregue aos Colonos, 1909-13)

Os membros da família colona eram obrigados a auxiliar na conservação de caminhos sem receber em troca nenhuma remuneração. Caso não atendessem à convocação, sofreriam uma multa de Rs5$000 por dia de ausência. Em realidade, a Câmara Municipal de Rio Claro, por força da lei, obrigava os proprietários das fazendas a ceder empregados para o conserto e a conservação de caminhos, trabalhos esses que tiravam o colono do âmbito da fazenda para a execução de serviços de interesse público.[20]

---

[20] A Câmara Municipal de Rio Claro, já em 5/4/1850, aprovou vários artigos das Posturas Municipais que obrigavam os proprietários de sítios e fazendas a fazerem as "testadas" de todos os caminhos que partiam das povoações daquele município e terminavam em suas propriedades.

Tendo eu [administrador] sido nomeado Inspector de Caminho de Rio Claro à divisa da Limeira pela Câmara Municipal [...] fui obrigado a fazer o serviço, tendo levado dois terços dos colonos d'esta fazenda, comparecendo também no serviço dois terços dos colonos das fazendas vizinhas. (Fazenda Santa Gertrudes, Copiador 5, 1899: 226)

Como os colonos fossem n'estes dois dias concertar o caminho de Rio Claro, por Ordem da Câmara, e ficassem por esse motivo com o serviço um pouco atrasado... (Fazenda Santa Gertrudes, Copiador 18, 1904: 18)

O pessoal das colônias esteve hoje concertando a estrada da Estação à fazenda (Fazenda Santa Gertrudes, Copiador 22, 1909: 73)

O ACESSO E O USUFRUTO DA TERRA

À família colona era concedida moradia gratuita. Além disso, ela podia usufruir de pastagens para uma ou duas cabeças de gado e tinha direito a manter uma pequena horta e criar animais de pequeno porte (aves e suínos) próximo à sua casa. Sobretudo, ela podia plantar milho e feijão em terras intercafeeiras (nas ruas do cafezal) ou em terras fora da plantação de café. Essas culturas não prejudicavam o café, além disso, seus períodos de plantio e colheita não coincidiam com o cronograma do cafezal. Às vezes, o fazendeiro concedia aos colonos o acesso a um pequeno pedaço de terra em áreas mais úmidas da fazenda para que cultivassem arroz.

Essa produção independente ajudava a sustentar a família e ainda gerava um excedente que, comercializado, complementava os rendimentos monetários do grupo familiar. Por isso, ela assumia grande importância nas fazendas mais próximas a centros urbanos, onde havia mercado para vender os produtos. As famílias colonas da Santa Gertrudes, por exemplo, comercializavam sua produção excedente na vila de Santa Gertrudes, em Cordeirópolis e também na cidade de Rio Claro.

A área de terra destinada à lavoura de subsistência dos colonos, assim como o valor do trato e da colheita, podia variar de ano a ano agrícola, pois ficava a critério da fazenda que, para fixá-la, tinha que levar em conta uma série de variáveis, tais como: a idade do cafezal (nos cafezais mais velhos, a lavoura em terras inter-cafeeiras competia com o sistema radicular do café e drenava nutrientes e umidade do solo nesse caso, para a fazenda era melhor oferecer ao colono terras fora do cafezal); o excesso ou a falta de oferta de mão de obra no mercado; a situação momentânea de prosperidade ou dificuldade enfrentada pela fazenda; a concorrência com as propriedades vizinhas. Todos esses fatores, portanto, pesavam na negociação entre o colono e a fazenda (Quadro 1, Anexo 6/Quadros 7 e 8).

Quadro 1
Contratos estabelecidos com os colonos
Fazenda Santa Gertrudes (1904-1930)

Ano agrícola	Trato em réis/ mil pés de café	Colheita em réis/ alqueire colhido	Terras para a lavoura de subsistência
1904-1905	70$000	$500	Designa terreno fora dos cafeeiros para a plantação de milho e feijão.
1905-1906	70$000	$500	Designa terreno fora dos cafeeiros para a plantação de milho e feijão.
1916-1917	80$000	$500	Permite plantar uma cova de milho em metade do café, duas covas de feijão das águas no mesmo café onde plantam milho e "roça por fora" conforme o café que trata.
1927-1928	200$000	1$000	Permite plantar uma cova de milho no vão de cada quatro cafeeiros na metade do café que trata e, na outra metade, plantar duas carreiras de feijão das águas em cada rua de café. Também fornece terras fora dos cafezais para o plantio de cereais.
1929-1930	300$000 por 1/3 do café tratado	1$000	Em 1/3 do café permite a plantação de milho, em cada rua do café 2 carreiras de feijão das águas e mais uma de feijão da seca quando este último é plantado antes de 20 de janeiro.
	200$000 por 2/3 do café tratado		Nos 2/3 do café permite a plantação de 2 covas de milho no vão de cada 4 pés de cafeeiros, bem como 2 carreiras de feijão das águas em cada rua de café. A fazenda ainda dá terra fora dos cafezais para o plantio de cereais.

Fonte: Fazenda Santa Gertrudes. Copiador 14 (1904: 223); Copiador 34 (1916: 187); Contratos impressos 1927-1928 e 1929-1930.

De todo modo, qualquer que fosse o arranjo proposto pelo fazendeiro para o ano agrícola, a quantia de terra destinada à família colona para o plantio da lavoura de subsistência estava diretamente relacionada à quantidade de café aos seus cuidados. Muito embora a literatura apresente uma relação de um quarto de alqueire de terra para cada mil pés de café tratados, isso nem sempre foi regra. Os contratos não estabeleciam medidas fixas, e os próprios ex-colonos da fazenda Santa Gertrudes foram unânimes em afirmar que aquela relação não era comum.

Houve época, na fazenda Santa Gertrudes, em que as famílias chegaram a receber até meio alqueire por mil pés. Em outro momento, a proporção foi de três metros de frente para cada mil pés de café tratado pela família colona na terra disponível fora do cafezal (Quadro 1).

> *Nói plantava fora do cafezal. No cafezal, conforme o contrato, era uma rua de milho ou duas covas de cada vão ou uma cova conforme o pagamento que fazia, entende? Conforme o salário que eles fazia cada mil pés de café. Tudo isto cada ano quase eles [fazendeiro] modificava, entende? Plantava duas ruas de feijão...* (Depoimento de ex-colono, 1971)

O próprio vice-cônsul italiano em Campinas alertava sobre o que ocorria em relação às terras que as fazendas concediam para o uso das famílias colonas em 1913:

> Não se precisa a disposição do pasto e terreno para o próprio cultivo que faz parte do salário e nem em que condições se encontra o terreno [...]. A completa ausência de tutela jurídica põe o colono à mercê do proprietário. (Tuozzi, 1913: 63-9)

As famílias preferiam, obviamente, usar as terras intercafeeiras para sua lavoura, pois isso lhes poupava tempo e força de trabalho.

> *Olha, quando que a terra era boa preferia plantar no cafezal, porque limpava o café e colhia o mantimento. Ah! Era mais vantajoso, era mais vantajoso.* (Depoimento de ex-colono, 1971)

No entanto, a importância do arroz na alimentação fazia os colonos valorizarem a possibilidade de contar com terras "de brejo" fora do cafezal para seu plantio, evitando que fossem obrigados a comprá-lo no mercado.

> *Mas, precisava ter sempre uma rocinha por fora, pouco de arrozal; plantava arroz pro gasto.* (Depoimento de ex-colono, 1971)

O milho transformado em fubá também era largamente utilizado na alimentação dos colonos. Ele garantia ainda o sustento dos animais que, por sua vez, forneciam carne, linguiça, leite, queijos, ovos etc. para as famílias. O milho excedente podia ser comercializado. E os porcos alimentados com ele também podiam ser vendidos aos açougues dos núcleos urbanos próximos à fazenda a preços mais vantajosos do que os obtidos por vezes com a venda do cereal no mercado.

> *Milho, às vezes se sobrasse, vendia no fim do ano. É, engordava porco com milho, entende? Às vezes vendia [milho] para aqueles que tinha burro prá tratar [na fazenda], e na cidade também, prá um tal de [...]. Eles ia buscar lá na fazenda, ia buscar sempre de domingo. No meio da semana a gente tinha que trabalhar.*

Olha, quando a porcada é boa, o porco dava mais. Teve ano que o milho não se vendia de jeito nenhum por quatro mil-réis. Então criava porco. O porco era mais fácil do que vender mantimento. O açougue comprava sempre. Ainda mais naquele tempo, o porco era limpo. Tudo criado a milho, só a milho.

Milho era porco, galinha, vaca, fubá... Segurar milho era mais vantajoso que vender milho. (Depoimento de ex-colono, 1971)

O excedente de legumes, verduras e algumas frutas plantados pelas famílias, no quintal de sua casa, assim como o de feijão, de galinhas e de ovos, também era vendido por elas.

É, sempre algum saco [de feijão] dava prá vender. Conforme o ano a gente colhia, né? A gente colhia 10 a 15 sacos. Ficava com 3 ou 4 em casa e o resto vendia. Nós vendemos feijão a Rs10$000 o saco [...].

As galinhas. A patroa sempre comprava frango, entende? A gente criava frango, e ela então encomendava prá levar ovo e frango na casa dela. Então a gente vendia prá ela um frango a Rs1$000-Rs1$200. (Depoimento de ex-colono, 1971)

A quantia e o valor da produção que a família colona obtinha nas terras a ela destinadas para a lavoura de subsistência não aparecem contabilizados nos livros da Santa Gertrudes, a não ser quando uma parcela do milho produzido era vendida à própria fazenda, o que não ocorria com frequência. Assim, o que temos são estimativas que constam de relatos escritos na época por funcionários do governo, fazendeiros, viajantes, historiadores e também da memória dos ex-colonos já velhinhos entrevistados no início dos anos 1970. Portanto, uma análise mais refinada dos orçamentos familiares esbara na precariedade das fontes (Anexo 4).

Uma série de variáveis podia influenciar o volume e o valor dessa produção: qualidade, quantidade e localização das terras utilizadas para ela (que variava no decorrer do tempo em uma mesma fazenda e entre fazendas), a quantidade consumida, a força de trabalho familiar efetivamente empregada, a proximidade dos núcleos urbanos (onde podiam ser comercializados). O fato de poderem comprar produtos em vilas ou cidades a preços mais baixos que os cobrados no armazém da fazenda também influía no investimento que as famílias faziam em suas lavouras e em seus animais.

Além disso, o sucesso da família no enfrentamento do cotidiano de trabalho e no aproveitamento de outras vantagens que a fazenda oferecia poderia levar à acumulação de um pecúlio monetário. Sem entrar no amplo debate ocorrido nos anos 1980 entre os autores que viam o colonato com possibilidades de ascensão social e os que discordavam sobre tais possibilidades, ou seja, entre os "otimistas" e os "pessimistas", como os denominou Fausto (1991), há alguns exemplos na documentação da Santa Gertrudes de casos de colonos que conseguiram poupar, reforçando a "tese otimista". Alguns colonos aplicavam e reaplicavam seu dinheiro em bancos de São Paulo, com o auxílio do proprietário da fazenda.

> Recebi [...] uma letra deposito do banco de S. Paulo da importância de 3:787$430 pertencente ao colono d'esta Daenecin Pietro. (Fazenda Santa Gertrudes, Copiador, 17, 1906: 17)

Recebi hoje a lettra de deposito do Banco de S. Paulo de Rs$4;014.680 pertencente a Daenecin Pietro (Fazenda Santa Gertrudes, Copiador 19, 1907: 184)

Seguem anexos a esta 4 letras de deposito no Banco de S. Paulo pertencentes aos colonos d'esta, sendo 1 de Giovanne Caritá do valor de 4:763.980, uma de Piccelli Luigi no valor de 2:143.820, uma de Piccelli Gaetano do valor de 4:494.400 e uma de Codo Santo do valor de 3:573.050 e que pedem a v. Exa. o obsequio de renoval-as por mais um anno. (Fazenda Santa Gertrudes, Copiador 14, 1904: 479)

Junto a esta seguem 4 lettras de deposito no Banco de S. Paulo sendo uma a favor de Giovanni Caritá, no valor de 5:674.000Rs$ e outra a favor de Codo Santo de 4:255.580 Rs$, os quais pedem a Va. Exa para refromar por mais um anno, uma a favor de Picelli Caetano no valor de 5:352.9009Rs$ e uma a favor de Picelli Luigi no valor de 2:559.700 Rs$ quaes pedem a V. Exa. Para retirar e mandar o dinheiro para os mesmos. (Fazenda Santa Gertrudes, Copiador 19, 1908: 397)

Recebi hoje a carta de V.Exa acompanhando uma letra de cambio a favor de Codo Santo no valor de 6.360$000. (Fazenda Santa Gertrudes, Copiador 41, 1921: 243)

Outros preferiam guardá-lo em sua própria casa, como Luigi Bressan que, por ironia do destino, acabou sendo roubado.

O colono Bressan Luigi foi victima de um roubo na importância de [Rs] 5:3000.000. Estando ele e a família ocupados com a colheita do café foi arrombada a sua casa e dela subtraída aquella quantia. Não encontrando o autor do roubo apezar das muitas diligencias que se fez para descobril-o. É de supor no entanto que seja o autor do roubo o colono P.

S. visto ter o mesmo fugido dois dias depois. [Este apareceu na fazenda dias depois e foi entregue à autoridade policial.] (Fazenda Santa Gertrudes, Copiador 10, 1901: 276 e Copiador 10, 1901: 280)

Infelizmente, não há dados que quantifiquem o volume de poupadores.

Ao caracterizar-se como um regime de trabalho em bases familiares, o colonato, então, combinava formas distintas de produção. Essa combinação peculiar tornava esse regime "muito complexo e também, de certo modo, ambígua a figura do seu personagem, o colono, que era ao mesmo tempo um assalariado, um trabalhador de subsistência, um produtor e negociante de mercadorias e um consumidor" (Holloway, 1984: 126). O rendimento monetário obtido pela família colona, além das condições de mercado, estava diretamente ligado às condições que recebia para manter sua lavoura de subsistência.

O montante da produção e da remuneração conseguida dependia do uso e da capacidade total da força de trabalho familiar, das possibilidades ou dificuldades encontradas para sua execução e "da fração de tempo que gastava na realização de cada operação remunerada" (Sallum Jr., 1982: 145). Dependia ainda do momento do ciclo de vida familiar (ou seja, da quantidade de pessoas aptas a trabalhar) e das condições de saúde de seus membros. A doença podia diminuir a capacidade de trabalho da família e até ceifar vidas. E mesmo a cura, dependendo dos valores da consulta médica e dos remédios, poderia fazer desaparecer em pouco tempo o pecúlio acumulado ou levar a família colona a findar o ano agrícola com saldo negativo, ou seja, devendo para a fazenda. Uma seca, uma tempestade, uma geada poderiam prejudicar a colheita e significar não só um menor rendimento, mas também a frustração de um futuro melhor. Já condições naturais favoráveis poderiam resultar excelente safra e fazer renascer as esperanças.

REGRAS A SEGUIR, DECISÕES A TOMAR

O trabalho executado pelas famílias colonas era regulado por uma série de normas que, na fazenda Santa Gertrudes no início do século XX, eram transcritas em língua portuguesa e italiana, em um documento denominado "Caderneta", que detalhava as condições a "que sujeitam-se os colonos da FAZENDA DE SANTA GERTRUDES, na Estação Santa Gertrudes, obrigando-se a cumpril-as fielmente, como se todas constassem de um contracto passado regularmente" (Anexo 3).

Art. 2º O Colono ... a quem pertence esta Caderneta, trata de... cafeeiros, obrigando-se a capinal-os convenientemente, dando as carpas que for preciso nos cafeeiros, de modo a conserval-os sempre no limpo, a replantar as falhas, a limpar as arvores, a cortar galhos seccos e quebrados, desbrotal-as, a varrer por baixo das arvores da colheita e espalhar a varredura e montes de terra logo que a termine, e obriga-se a colher com cuidado todo o café maduro. (Fazenda Santa Gertrudes, Caderneta de Colono, 1906)

Art. 2º Il colono ... al quale appartiene questo libretto si assume la cura di ...piante di caffè, obbligandosi di pulirlo convenientemente, dalle erbe tante volte, quante sono necessarie, di conservarlo sempre netto, di ripiantare li piante che si avessero a mancare, di potare le pinate, o tagliarne i rami secchi o rotti, sfrondarle, scopare sotto gli alberi prima di coglierne i frutti e di spandere le spazzature ed i monticoli di terra appena terminato il raccolto, e si obliga a fare il racccolto del caffè maturo colla magio diligenza.

A "Caderneta" também servia para anotar o "deve-haver" da família colona durante o ano agrícola escriturado pelo representante do fazendeiro, o administrador ou o escrivão, que fazia os lançamentos em ordem cronológica. A escrituração era encerrada mensalmente com a declaração do saldo devedor ou credor.

Esse "contrato" possuía 24 artigos, dos quais 22 protegiam o fazendeiro. Três dos artigos estipulavam multas que variavam de Rs1$000 a Rs10$000, relativas ao não cumprimento de alguma tarefa, especificamente às que diziam respeito ao "trato" do cafezal. Quatro deles referiam-se à eventual saída da família colona antes do prazo estipulado em contrato. Aquela que se retirasse da propriedade antes do término do serviço sem justificativa perderia metade do ganho acumulado durante o ano agrícola.

Eram consideradas causas justas para deixar o trabalho: falta de pagamento por parte da fazenda, doença que impedia o colono de continuar trabalhando, comportamento inadequado por parte do proprietário ou seu administrador, como ferir o colono ou membro de sua família, "injuriá-lo ou atentar contra a honra de sua mulher ou filha". O fato de essas cláusulas terem que fazer parte do contrato demonstra a condição de vulnerabilidade da família colona no interior das propriedades na época.

O proprietário que quisesse despedir a família sem justa causa deveria pagar o dobro do que esta ganharia pelo serviço no cafezal. Eram consideradas causas justas para a despedida: colono com doença prolongada que impossibilitasse seu trabalho (a doença podia ser usada como motivo tanto pelo colono quanto pelo fazendeiro), negligência no trabalho, embriaguez habitual, insubordinação e injúria feita por alguma pessoa da família colona ao proprietário ou seu representante e a seus parentes.

A família que quisesse se retirar no final do ano agrícola deveria comunicar sua decisão à fazenda com 30 dias de antecedência. A não participação da retirada implicaria uma multa de Rs20$000. O proprietário que quisesse despedi-la antes de concluir o ano agrícola também deveria comunicar-lhe com 30 dias de antecedência. Caso não o fizesse, ficava implícito que a família poderia permanecer na fazenda por mais tempo.

Nem sempre tais cláusulas eram respeitadas. Famílias colonas com débito fugiam na calada da noite auxiliadas, muitas vezes, pelos moradores da sua colônia. Homens de confiança do fazendeiro perseguiam os fugitivos frequentemente com o auxílio da polícia. Em março de 1920, por exemplo, o administrador anotava como gasto da fazenda: "Despesas com diligência policial de Rio Claro contra oito famílias de colonos que fugiram de 160$000".

Caso as famílias fossem encontradas, o que nem sempre ocorria, eram obrigadas a voltar para a fazenda, continuar trabalhando de acordo com o contrato ou até pagarem suas dívidas. Se elas já estivessem instaladas em outra fazenda, o administrador dessa propriedade era procurado para pagar a dívida desses colonos para com a Santa Gertrudes.

> *Ilmo.Snr Administrador da Fazenda Sant'Anna*
> *Amigo e Snr*
> *Tendo eu sabido por pessoa aqui da fazenda que acham-se aí em sua fazenda os colonos d'esta por nomes [...], mandei tirar as contos dos mesmos colonos e remeto-lhe para que V.Sa. faça o favor de entregar ao portador desta a importância de seus débitos, podendo passar-lhe recibo [...].*
> (Fazenda Santa Gertrudes, Copiador 1, 1896: 147)

Contudo, descobrir o paradeiro das famílias colonas foragidas e ainda conseguir que o novo patrão assumisse suas dívidas não eram tarefas fáceis. Assim, os fazendeiros optavam por reforçar a vigilância e prevenir as fugas.

Por outro lado, as famílias que não convinham à fazenda ou ao administrador eram "postas fora, e seus trens levados prá lá da porteira" no dizer de um ex-colono. Nessa circunstância, o saldo credor da família colona podia ser retido como multa "por não ter cumprido o contrato".

A permanência mais ou menos longa do colono na fazenda estava ligada, entre outros fatores, diretamente ao tamanho de sua família, ou melhor, à força de trabalho de que dispunha, a qual, por sua vez, era proporcional ao número de pés de café que ela conseguia cuidar. Atritos com a administração ou a existência de uma poupança que permitisse à família se estabelecer por conta própria ou mudar para um lugar onde seu trabalho fosse mais bem remunerado podiam encurtar o período de permanência dos colonos na fazenda. De qualquer forma, no conjunto, havia uma correlação entre o número de cafeeiros tratados e o tempo de permanência do colono e sua família na fazenda.

A permanência média de um colono na fazenda Santa Gertrudes era cerca de sete anos, com um desvio-padrão relativamente alto. Famílias com um número reduzido de trabalhadores, responsáveis por menos de 3 mil cafeeiros, ficavam na fazenda 2 anos em média, enquanto as que cuidavam de 3 mil a 7 mil pés de café – aproximadamente 70% das famílias colonas – permaneciam mais tempo, em média 7 anos. Aquelas com 4 ou mais pessoas aptas ao trabalho, cuidando de um número superior a 7 mil pés de café, chegavam a permanecer na fazenda mais tempo ainda, 11,6 anos, em média. Contudo, observamos casos de famílias responsáveis por 12 mil pés de café que não permaneceram mais de 3 anos cuidando dos cafezais da Santa Gertrudes.

As famílias que não pretendiam continuar trabalhando na Santa Gertrudes costumavam sair no quarto trimestre, quando terminava seu contrato com o fazendeiro. No final do primeiro e no segundo trimestre, intensificavam-se as entradas de novos trabalhadores, para que não houvesse nenhum atraso no início da colheita (que geralmente acontecia em maio).

Para manter o número necessário de famílias colonas, a fazenda devia arregimentar, a cada ano agrícola, 35 novas famílias, em média. Não contar com famílias colonas em número suficiente (cerca de 150) para o trabalho nos cafezais causava sérios prejuízos à fazenda, que era obrigada a contratar trabalhadores avulsos ou turmas de camaradas, o que aumentava bastante o custo da mão de obra.

VANTAGENS DO TRABALHO FAMILIAR

Os trabalhadores tinham interesse no trabalho em bases familiares, porque contavam com a possibilidade da cooperação de todos os membros de sua família para assegurar a sobrevivência do grupo familiar e montar um pecúlio. Os objetivos familiares estavam acima dos indivíduos isolados. O colonato reforçava a solidariedade e a combinação de esforços de todos os membros da família para o benefício do conjunto.

Para formar seu pecúlio, a própria família regulava o empenho de seus membros no trabalho e o consumo de todos, procurando reduzi-lo ao estritamente necessário.

Uma família com mais pessoas aptas ao trabalho poderia tirar maior proveito do sistema de colonato, uma vez que havia uma proporcionalidade entre a quantidade de pés de café que a família teria condições de tratar e a quantidade de terra obtida para o cultivo da subsistência. A produção para a subsistência a que o contrato de colonato dava direito poderia, então, atingir níveis acima das necessidades vitais da família, permitindo o acúmulo de excedentes e, consequentemente, maior chance de melhoria socioeconômica.

Além disso, quanto maior o número de braços com que a família pudesse contar, maior a divisão de trabalho interna, o que permitia que as tarefas fossem executadas com melhor desempenho e menor gasto de energia.

Assim, uma família com muitos membros trabalhadores era valorizada não só pelo fazendeiro, mas também pelos próprios colonos, porque acenava com maiores ganhos.

Trabalhar sob o colonato era tentador ao imigrante italiano, pois, na sociedade camponesa da qual a maioria dos colonos para o café se originou, os interesses do grupo familiar tinham prioridade sobre o indivíduo e os laços familiares eram extremamente fortes (Alvim, 1986; Barbagli e Kertzer, 1990; Barbagli, 1996; Reher, 2001). Nessa sociedade, toda a produção agrícola se apoiava no trabalho familiar. Como vimos, o camponês imigrou como uma forma de resistência ao processo de proletarização que ocorria no país de origem, vendo na nova terra a possibilidade de manter suas formas tradicionais de trabalhar em família.

Para o fazendeiro, por sua vez, o regime de colonato era vantajoso porque, ao estimular a integração produtiva de todos os elementos da família em condições de manejar os instrumentos básicos de trabalho, conciliava mão de obra maciça com a insuficiência de recursos para o pagamento de salários (Sallum Jr., 1982). O trabalho com base familiar garantia ainda a força de trabalho excedente no pico da colheita, quando aumentavam as necessidades de mais pessoas trabalhando.

Ao deixar para cada chefe de família a responsabilidade pela execução das tarefas diárias que a família, ou pelo menos seus membros aptos para o trabalho, deveria desempenhar, o colonato funcionava como elemento disciplinador da força de trabalho, uma vez que, estabelecido o contrato, a organização, o andamento e a qualidade do trabalho ficavam por conta dos próprios trabalhadores. Os ganhos obtidos apareciam como resultado da capacidade de liderança e disciplina do chefe de família e do esforço obtido de cada um dos membros da casa.

A família, como unidade de produção e consumo, produzia ainda a sua subsistência sem comprometer a produção do café voltada para o mercado e, dessa forma, reduzia custos.

O emprego de famílias era visto como vantajoso por ajudar, inclusive, na fixação do trabalhador, na sua permanência na fazenda.

O fazendeiro dava preferência a famílias com três ou mais pessoas aptas ao trabalho. O raciocínio era que ela se adaptaria melhor às condições da cafeicultura:

cuidaria de um número maior de pés de café, reduziria a quantidade de famílias necessárias e os custos da produção e, ao mesmo tempo, maximizaria a utilização de benfeitorias e moradias na fazenda.

*

Estudiosos do colonato procuraram demonstrar que as famílias pequenas estavam em desvantagem em relação às grandes durante todo seu ciclo vital (Stolke, 1986), ou seja, que as pequenas tinham dificuldades em obter acréscimos substanciais por meio de serviços extraordinários e sua remuneração monetária era inferior ao salário de um camarada (Sallum Jr., 1982).

Contudo, na documentação da fazenda Santa Gertrudes, foram encontrados tanto casos de unidades familiares pequenas com saldos devedores quanto uma parcela razoável delas que conseguiu sobreviver bem sob o colonato e com saldos positivos. Isso demonstra que, muito mais que o tamanho e a composição da família, outros fatores intervinham para que este ou aquele resultado fosse alcançado, por exemplo, o momento do ciclo vital familiar, as condições de saúde de seus membros e o empenho no trabalho.

É preciso considerar que a força de trabalho familiar não ampliava na mesma proporção e velocidade que ocorria com o aumento do tamanho da família. Para aumentar um trabalhador, a família deveria aumentar o seu tamanho além de uma unidade. Após alcançar quatro membros aptos para o trabalho, famílias tenderiam a crescer em menor proporção ou deixariam de se ampliar. Elas estariam em um período do ciclo vital em que suas chances de crescer seriam menores (Bassanezi, 1986a).

Entre 1908 e 1919, a maioria das famílias de colonos na fazenda Santa Gertrudes tinha entre 6 e 10 membros. Uma menor parcela possuía até 5 pessoas e um número muito reduzido continha 11 pessoas ou mais. Nessa época, a imigração italiana para o Brasil estava em declínio, a imigração portuguesa e a espanhola alcançavam maior volume e as famílias migrantes nacionais ainda não tinham sido introduzidas em grande escala como colonas na cafeicultura paulista. As famílias italianas predominavam na Santa Gertrudes, eram dois terços delas. Supõe-se, então, que essas famílias eram aquelas estabelecidas já há alguns anos na cafeicultura, algumas inclusive tendo retornado ao Brasil depois de algum tempo passado na Argentina e, portanto, sendo mais velhas que as demais, e com mais pessoas e mais membros trabalhadores.[21]

O que foi descrito neste capítulo sobre as famílias sob o colonato na fazenda Santa Gertrudes não deve ficar longe do que acontecia em outras fazendas cafeeiras, pelo menos as localizadas no Velho Oeste paulista.

---

[21] O livro de *Registro de pés de café entregues aos colonos* da fazenda, relativo aos anos 1909-1918, aponta que as famílias de origem italiana na sua maioria (73%) possuíam 2 a 4 trabalhadores (metade delas na faixa de 3 a 4). Nas demais famílias, pouco mais da metade tinham 1 ou 2 pessoas de trabalho; 13% das italianas e apenas 3% das não italianas tinham 5 a 8 elementos de trabalho. Portanto, a proporção de trabalhadores por unidade familiar era ligeiramente mais alta para as famílias italianas.

De sol a sol

Gottardo fazendo ferragens para carrocinhas. Luiz Muffato com 5 pessoas beneficiando café. Basílio e Graciano serrando e Amadeu apparelhando madeira. Evaristo e José no Motor Wolff.

CARPINTEIROS – Pagni e Gino em serviço na casa de moradia. Loureiro fazendo batentes para as casas novas. Miguel concertando o Moinho de Vento na Colonia Sam Benedito. Guilherme fazendo batentes para as casas novas da Colonia Santa Cruz. Sylvestre e Angelo fazendo um galinheiro atraz da administração. Pedro fazendo bancos para a escola.

PEDREIROS – Francisco, Julio, João, Antonio e Miguel com 6 serventes fazendo um puchado para guardar lenha. Vicente com um dicto em serviço na casa no pastinho.

CARROCEIROS – Mario com o auto-caminhão conduzio café para a Estação. Camundá e Israel com a seifadeira cortando capim paraguá na Invernada. Heliodoro, Alfredo, Victorio, Menegildo, Rodolpho, Ramiro, Pedro e José conduziram café dos cafezais. Domingos, Torquito, Avila e João conduziram palhas de café para os cafezais da Colonia de Sam Guilherme. Berrico conduzio milho do Paiol de cima pra baixo. Clemente conduzio tijolos e area para a colônia de Sta. Cruz. Leonardo fez limpeza. José e Carlos levaram comida na roça.

TURMAS – Luiz com 26 camaradas lidando com café nos terreiros; 3 ditos no lavador e 2 ditos despolpando café. Capicotto com 13 camaradas desbrotando café na Colonia de Santo Eduardo.

EMPREITEIROS – Angelino Avi fazendo tijolos. Arthur com arador arando terra para colonos na colônia de Santo Eduardo. João Ribeiro com as carpideiras passando no café da Colonia de Joaquim e Jongo no serviço na casa no pastinho e Octavio Martins concertando a calçada na Colonia de Santa Cruz e Alonso com a carpideira passando no café na mesma Colonia. Delgado e Loureiro destocando na roça nova na Colonia de Santa Maria. Correa matando formiga no café da Colonia de Santo Antonio.

AVULSOS – 3 camaradas tratando do chiqueiro, 8 dictos nos pomares e 3 dictos cortando capim.

DIVERSOS – Leme, Pugliese, Denardi e Achilles em serviço das cocheiras. Manoel e Romano no Estábulo, Apparecida e Francisco na caudelaria. Luiz Denardi e Antonio dos Santos no Aprisco. João de Barros e Pedro Naves no serviço da Invernada. (Fazenda Santa Gertrudes, Copiador 31, 1914: 6-7)

Além dos muitos colonos, a fazenda Santa Gertrudes abrigava um número menor de trabalhadores de outro tipo encarregados de executar tarefas variadas e adaptadas às múltiplas necessidades da propriedade, cujas atividades eram relatadas diariamente pelo administrador ao proprietário. Carreiros e carroceiros faziam transporte do café, de materiais diversos e também de pessoas para dentro e para fora da fazenda. Pedreiros, carpinteiros, eletricistas dedicavam-se à manutenção e à ampliação de casas e benfeitorias, além de novas construções no interior da propriedade. Havia também empregados para cuidar da lavagem, da secagem e do beneficiamento do café. Outros se encarregavam dos animais, do jardim da sede, da horta e do pomar. Havia os responsáveis pelo armazém, pela farmácia e pelo açougue da fazenda. Criados serviam na casa dos proprietários. Um sacristão cuidava da capela e auxiliava os sacerdotes (vindos de fora) nos serviços religiosos. Havia guardas cuidando da segurança, enquanto um administrador, um guarda-livros e alguns auxiliares eram responsáveis pela coordenação dos serviços diários, do atendimento aos trabalhadores e ao público e pela escrituração dos livros da fazenda. Enfim, dezenas de atividades remuneradas eram executadas por pessoas que moravam na própria fazenda. Além disso, a Santa Gertrudes remunerava outros profissionais, por exemplo, veterinários, empreiteiros e padres que prestavam seus serviços na fazenda quando solicitados (Anexo 5).

Como uma grande empresa agrícola capitalista de então, a fazenda Santa Gertrudes reunia, *grosso modo*, dois grupos. De um lado, um grupo pequeno encarregado de administrar os investimentos de capital, a força de trabalho e a comercialização das culturas e, de outro, um grupo enorme de trabalhadores (os que se dedicavam às funções agrícolas propriamente ditas e os empregados em serviços acessórios exigidos pela complexidade da cultura do café).

DO ADMINISTRADOR AO CAMARADA

O proprietário dirigia a fazenda com o auxílio do administrador. Esse profissional tornou-se imprescindível nas propriedades, a partir do momento em que os fazendeiros optaram por viver na capital, responsabilizando-se pela parte comercial e delegando a coordenação e a supervisão do investimento de capital e da força de trabalho na fazenda ao administrador, que ali vivia (Figura 14).

No caso da Santa Gertrudes, como visto, o administrador (também conhecido como "diretor-geral") era obrigado a redigir relatórios diários, enviados ao proprietário em São Paulo no trem que passava pelas fronteiras da fazenda todo final de tarde.

Figura 14
Ocupações da fazenda Santa Gertrudes

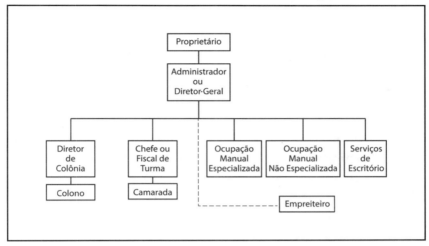

Fonte: Fazenda Santa Gertrudes. Copiador

Por seus serviços, o administrador recebia salário mensal, além de casa, comida e polpudas gratificações proporcionais ao café colhido no ano, diferenciando-se dessa forma dos demais trabalhadores da Santa Gertrudes.[22] Com seus ganhos, era possível manter filhos internos em colégios da capital (como de fato aconteceu com um deles), o que aumentava sensivelmente seu prestígio social. No entanto, sua posição de mando, intermediária entre o proprietário e os empregados, canalizava muitas vezes contra si toda a animosidade dos trabalhadores, evitando que atingisse diretamente o fazendeiro. Sua ligação direta e constante

---

[22] Em 1898, por exemplo, o administrador recebeu a gratificação de Rs$100 por arroba de café colhido, num total de Rs3:549$250. A título de comparação, o valor da renda média anual estimada por trabalhador na época era de Rs1:053$000.

com o proprietário por vezes criava entre eles fortes laços de confiança e até afetivos.

Até 1925, apenas nacionais ou portugueses estabelecidos há algum tempo no Brasil eram escolhidos para a função de administrador da fazenda. Somente depois dessa data é que um trabalhador de origem italiana foi designado para administrar a Santa Gertrudes e, mesmo assim, sem ser mencionado como "administrador" na escrituração da fazenda. Nesse caso, tratava-se de um membro de uma antiga família colona que chegara a "fiscal de colônia" e, posteriormente, "executor" do administrador de fato na ocasião (um filho do fazendeiro que frequentava bastante a fazenda). O administrador devia ter conhecimentos e experiência com a agricultura em geral e a lavoura de café em particular. Também precisava ser fluente na fala e na escrita da língua portuguesa e na escrita mercantil, para dar conta da correspondência com o proprietário e da documentação da fazenda. Exigia-se dele uma postura adequada e confiável, além de desembaraço no contato com o proprietário, os comerciantes, os fazendeiros vizinhos, os visitantes ilustres e as autoridades do serviço da Imigração. Por outro lado, o administrador tinha que saber lidar com os empregados, ou seja, "arranjar e agradar as famílias colonas", mas também "chamá-las no tento", admoestá-las, aplicar-lhes multas e despedi-las quando julgasse necessário. O administrador aplicava multas como frequência, "como se fosse um juiz". Alguns colonos, considerados injustiçados, no entanto, recorriam ao proprietário e algumas vezes conseguiam anular a multa que lhes fora aplicada.

Nos serviços do escritório da fazenda, o administrador era amparado por um escrivão e por um ou mais auxiliares que executavam toda a parte de uma escrituração complexa, que abrangia uma grande diversidade de livros: *Borrador, Costaneira, Borrador Limpo, Caixa, Diário, Conta-Corrente, Copiador*, livros de controle de pessoal (*Livro Ponto, Registro de Café Entregue aos Colonos, Diárias e Custos de Serviços*), livros de produção específica (*Colheita de Café, Registro de Café, Registro de Gado*) etc. (Castro e Baiocco, 1969).

Quanto às funções agrícolas propriamente ditas, auxiliavam o administrador os feitores ou fiscais, que em geral eram brasileiros ou portugueses, mas podia haver também entre eles alguns italianos com certo domínio da língua portuguesa e prática com as atividades do café. Era obrigação do feitor ou fiscal supervisionar e dirigir grupos de trabalhadores em tarefas determinadas.

Na fazenda Santa Gertrudes, havia dois tipos de fiscais: o "diretor" ou "fiscal de colônia" e o "fiscal" ou "chefe de turma". Eles recebiam um salário mais elevado que o de seus subordinados, se vestiam de maneira diferenciada (usavam bota, calça bombacha e às vezes paletó e colete) e habitavam uma residência sempre maior e melhor que a dos demais trabalhadores.

Para cada uma das oito colônias da fazenda, havia um diretor, que tinha a função de transmitir aos colonos a ele subordinados as ordens da administração, além de fiscalizar os trabalhos da lavoura, tocar o sino anunciando o início e o término dos trabalhos e manter a ordem. Um diretor não chegava a aplicar castigos físicos nos colonos, mas exercia forte pressão econômica pelo poder de multá-los quando o trabalho não saísse a contento ou percebesse alguma transgressão do regulamento. A vigilância sobre os colonos era redobrada na época da colheita, pois a pressa em colher mais e rapidamente para aumentar os ganhos podia prejudicar o cafeeiro.

O fiscal ou chefe de turma era responsável pelos camaradas, italianos na sua maioria, mas também por outros imigrantes e afrodescendentes. Estes executavam os mais variados serviços que não estavam a cargo dos colonos, de acordo com as necessidades cotidianas da fazenda. Eles atuavam no lavador e na secagem do café, no terreiro, na abertura de caminhos, no conserto de pontes, na plantação de cereais. O camarada, em geral, era uma pessoa solteira, que morava em habitações coletivas, as "casas de camaradas", e executava os serviços a ele determinados pela fazenda de acordo com as necessidades. Havia também camaradas, agrupados na rubrica de "avulsos", que eram alocados para o trato do cafezal e para a colheita do café quando os colonos não davam conta desses trabalhos.[23] À turma de camaradas eram atribuídos cafezais mais decadentes que não interessavam aos

---

[23] Holloway (1984) incluiu na categoria camarada: o trabalho no benefício e no transporte do café, as "reparações nas dependências" da fazenda, o trato dos animais domésticos e outras atividades. Alvim (1986) distinguiu "trabalhador por turma" de "camarada": "O 'trabalhador por turma' era um indivíduo normalmente arregimentado por um empreiteiro não ligado à fazenda. O seu contrato era com este e durava o tempo da tarefa a ser realizada. O 'camarada', por sua vez, era um indivíduo ligado à fazenda ou por contrato anual para executar tarefas que não competiam ao colono, ou pelo tempo de uma tarefa específica a ser realizada" (Alvim, 1986: 77, nota 4). Nos livros da fazenda Santa Gertrudes, *Copiador* e *Conta-Corrente,* os empregados, de modo geral, eram qualificados de acordo com a atividade específica que exerciam: colono, empreiteiro, carpinteiro, maquinista, carroceiro, pedreiro, pintor, seleiro, ferreiro, carreiro, jardineiro, hortelão, caseiro, copeiro, sacristão, cortador de capim. Alguns apenas como camarada, sem determinar sua atividade real. No entanto, na folha de pagamento, os trabalhadores assalariados eram discriminados, até por volta de 1910, como: pedreiros, carroceiros, carreiros, carpinteiros, campeiros e sob a rubrica "avulsos" vinham agrupados os demais. Na folha de pagamento também constavam em separado os valores recebidos pelos empreiteiros e pelos colonos (Anexo 6/Quadro 9). A partir de então, essa folha passou a desagregar o valor do pagamento relativo a outros empregados, inclusive ao diretor-geral (administrador), ao diretor ou fiscal de colônia, ao professor etc.

colonos. Excepcionalmente, o camarada podia ser membro de família colona.

As demais atividades laborais da fazenda podem ser agrupadas em "ocupação manual especializada" e "ocupação manual não especializada". No primeiro tipo, concentravam-se aqueles empregados cuja ocupação dependia de certa especialização, como o maquinista que operava máquinas de beneficiamento do café, o eletricista, o pedreiro, o carpinteiro, o seleiro. No segundo, incluem-se os carroceiros, os carreiros, os candeeiros, os tratadores de animais, os cortadores de capim. Os dois grupos tinham suas tarefas coordenadas e supervisionadas diretamente pelo administrador. Vários desses empregados chegavam à fazenda como colonos, mas, não se adaptando à lavoura, acabavam executando atividades para as quais eram mais hábeis (muitas vezes, ofícios aprendidos na terra natal) (Figuras 15, 16 e 17).

Figura 15
Transporte do café
(Acervo Museu Paulista. Óleo de Antonio Ferrigno, 1903)

Figura 16
Lavador
(Acervo Museu Paulista. Óleo de Antonio Ferrigno, 1903)

Figura 17
Secagem do café no terreiro
(Acervo Museu Paulista. Óleo de Antonio Ferrigno, 1903)

Uma parte dos trabalhos necessários à fazenda era executada sob o regime de empreitada, mediante remuneração previamente combinada entre o empreiteiro e o fazendeiro ou seu administrador. O empreiteiro, geralmente, se responsabilizava pela formação de cafezal. Também podia ser contratado para extrair tocos do terreno, arar a terra, construir cercas, combater formigas, confeccionar cestos para mudas de café e fabricar tijolos.

A preferência do fazendeiro pela empreitada na formação do cafezal justificava-se pelo baixo custo que ela representava em relação ao emprego do colono nessa atividade. O formador do cafezal, juntamente à sua própria turma de trabalhadores, alinhava e abria no chão as covas que recebiam as sementes ou as mudas do cafeeiro. Cuidava das plantas novas, mantendo o terreno livre de ervas daninhas e replantando as falhas, até que o cafeeiro começasse a produzir em escala comercial, o que demorava não menos de quatro anos.

O contrato permitia ao empreiteiro "formador" o plantio de culturas alimentares entre as filas de cafeeiros, cuja produção ele vendia nos mercados locais. Dependendo do contrato, o empreiteiro também podia beneficiar-se das primeiras colheitas do café antes de entregar definitivamente os cafeeiros ao fazendeiro. Essa empreitada era geralmente executada por um imigrante italiano ou português que já estivesse há algum tempo em terras paulistas, conhecesse as técnicas necessárias à execução da tarefa e estivesse em condições de trabalhar por conta própria (mas ainda sem dinheiro suficiente para comprar seu próprio lote de terra). O empreiteiro situava-se, portanto, em uma posição econômica acima do colono.

A massa trabalhadora absorvida na fazenda estava concentrada em proporções diferentes entre as diversas ocupações descritas. Certamente, as famílias colonas eram a grande maioria dos trabalhadores, chegavam a congregar cerca de três quartos do total. Em ordem de grandeza decrescente vinham os camaradas, os trabalhadores em ocupações manuais não especializadas, os que atuavam em ocupações especializadas e os demais.

Com exceção dos colonos, todos os outros trabalhadores recebiam seus salários mensalmente. Em 1908, por exemplo, ano de certa estabilidade na vida da fazenda, as despesas com pagamentos de pessoal foram da ordem de Rs285:212$900, aos trabalhadores não colonos couberam 33,5% desse total, aos empreiteiros, 15,6% e aos que o administrador nominou "diversos", 5,7%. A maior parcela, 45,2%, foi paga aos colonos (Anexo 6/Quadro 9).

A INSTABILIDADE DO EMPREGADO

A fazenda Santa Gertrudes, assim como as demais grandes fazendas do estado de São Paulo, necessitava manter constantemente um determinado volume de mão de obra para que todas as tarefas fossem executadas dentro do prazo previsto e exigido pela própria lavoura e, se possível, sem aumento dos custos. A falta de trabalhadores acarretava atrasos e prejuízos, principalmente em época de colheita.

Assim, para garantir o efetivo de mão de obra, o fazendeiro empregava vários recursos, como elevar salários quando necessário, melhorar condições de conforto e bem-estar, providenciar alguma assistência médica, religiosa e educacional e, inclusive, responsabilizar-se pelas dívidas dos novos colonos ou de outros trabalhadores, contraídas em outras fazendas. A união dos fazendeiros na distribuição dos prejuízos ajudava a contornar as dificuldades derivadas da alta mobilidade de seus empregados.

> *Ao administrador da Fazenda S. Jeronymo*
>
> *O portador é o carroceiro desta fazenda e vai buscar a bagagem de Florentino Antonio Lino que ajustou-se para camarada esta fazenda que fica responsável pelo débito de cincoenta e sete mil reis que diz o mesmo ter para com esta fazenda.* (Fazenda Santa Gertrudes, Copiador 26, 1911: 337)
>
> *[...] Mandei buscar na Fazenda Quilombo do Dr. Ezequiel outra família também muito boa com 4 pessoas de trabalho pagando-lhe um débito de 135$000.* (Fazenda Santa Gertrudes, Copiador 1, 1895: 151)

A instabilidade do trabalhador nas fazendas paulistas era uma constante, reconhecida inclusive pelas autoridades governamentais ligadas aos interesses da cafeicultura, muitas vezes elas também proprietárias de fazendas.

> *É geralmente reconhecida a instabilidade do trabalhador agrícola imigrante, causadora de certos transtornos no serviço das Fazendas.*
>
> *O fazendeiro sente-se inteiramente desamparado contra este estado de coisas no qual o próprio colono nada lucra de perdurável, pois é todo transitório o benefício que consegue com as sucessivas mudanças de fazendas.*
>
> *A nossa legislação é deficiente neste particular e exige a atenção dos poderes publicos, afim de satisfazer a necessidade de garantias recíprocas entre o trabalhador e o proprietario agricola, facultando os meios praticos de fazer valer eficaz e promptamente o direito de ambas as partes. (São Paulo, 1897: 90)*

Obter uma legislação mais eficiente, contudo, não solucionaria o problema, pois era o contexto socioeconômico que provocava tais desajustes. De fato, uma das causas das mudanças do trabalhador, suas trocas constantes de emprego, era a atração que exercia sobre eles a melhor remuneração proporcionada por fazendas em terras novas de cultivo. Aqueles que conseguiam certa poupança preferiam comprar um sítio e se estabelecer por conta própria. Queriam ser seus próprios patrões. Além disso, para muitos, os núcleos urbanos em crescimento eram atraentes já que ofereciam inúmeras oportunidades de trabalho, muitas vezes menos árduo que a labuta na terra.

Os camaradas solteiros, sem laços familiares, eram os mais instáveis entre os assalariados. Muito pouco ou nada os prendia à fazenda, onde permaneciam não mais de três anos na sua maioria. Os demais trabalhadores eram mais estáveis e, como seu rendimento monetário não dependia da colheita, se satisfeitos eles costumavam permanecer na fazenda por mais tempo, mudando-se apenas quando surgisse uma oportunidade melhor e para viver nas vilas ou cidades (Anexo 7/Tabela 1).

No seu conjunto, mais da metade de todos os empregados permanecia na fazenda por pouco mais de quatro anos. Contudo, não se deve fixar uma regra geral como medida determinante de estabilidade ou instabilidade, pois motivações subjetivas também agiam nessa direção: laços de parentesco e amizade entre os empregados, necessidade de (e acesso à) assistência religiosa e médica, identificação com o "patrão bom", ausência de brigas e de abuso de autoridade dos supervisores, entre outros motivos.

UNS MAIS QUE OUTROS

No universo da fazenda existia uma estratificação social bem definida. No topo da pirâmide social estava, obviamente, o proprietário e na base a maioria dos trabalhadores. Na camada intermediária encontravam-se primeiramente o administrador, que detinha alto prestígio no grupo, depois vinha o escrivão, o diretor de colônia, o fiscal de turma e os trabalhadores das chamadas "ocupações manuais especializadas". O carpinteiro ocupava a posição superior entre aqueles que exerciam "ocupação manual especializada"; depois do administrador, ele era quem recebia o salário mais alto entre os empregados. Sua presença na fazenda era fundamental em uma época em que a madeira desempenhava papel importante, pois se constituía na matéria-prima básica para construções em geral, para fabricação de mobiliário, veículos e objetos de uso pessoal. Não só os proprietários, mas também os demais moradores da fazenda recorriam ao carpinteiro para a confecção de móveis, de urnas funerárias para seus mortos e também para consertar seus pertences. Ao atender às solicitações dos demais empregados, ele abria outra fonte de lucro para o fazendeiro, dado que o valor de seus serviços assim como da matéria-prima utilizada eram pagos à fazenda.

Nas camadas mais baixas da escala social estava o colono, seguido pelo camarada e, abaixo dele, o empregado que exercia "ocupação manual não especializada".

Um caso emblemático era do empreiteiro, que na escala de prestígio social igualava-se ao pessoal do grupo intermediário. Mas, por outro lado, possuía um padrão de vida às vezes inferior ao da família colona, habitando inclusive moradias bem rústicas, pois sabia de antemão que permaneceria na fazenda apenas pelo período que durasse a empreitada contratada pelo fazendeiro.

Dos trabalhadores existentes na fazenda Santa Gertrudes entre 1895 e 1930, mais da metade era de origem italiana. Os italianos predominavam não só entre os colonos, mas também entre os camaradas, nas ocupações não especializadas e rivalizavam com os portugueses nas ocupações especializadas. Raramente exerciam funções de supervisão de trabalho ou executavam serviços de escritório, muito provavelmente devido à pouca familiaridade com a língua portuguesa. Os nacionais e/ou os portugueses destacavam-se na empreitada, na administração e nos trabalhos de escritório. Estes eram poucos, em termos quantitativos, mas gozavam de maior prestígio. Os trabalhadores de origem germânica e japonesa tinham muito pouca representatividade no universo da fazenda e, consequentemente, nas diferentes ocupações.

Na fazenda, os negros, ex-escravos ou seus descendentes, também eram poucos, mas ultrapassavam numericamente os trabalhadores de origem germânica. Na sua maioria, eles executavam "ocupações manuais não especializadas": carroceiro, carreiro, ajudante de copeiro, caseiro, fabricante de manteiga e queijo, tratador de porcos. Poucas famílias negras chegaram a trabalhar sob o colonato, pois eram preteridas em favor do imigrante estrangeiro.

Algumas (poucas) crianças, inclusive filhos de colonos, eram encaminhadas para atividades remuneradas como a de "candeeiro" ou "puxador", cujo trabalho consistia em ir adiante dos bois guiando-os, o qual utilizava a "aguilhada", uma vara com ferrão na ponta que pica e ajuda a conduzir o animal. Crianças também auxiliavam no carregamento de carroças, na seleção dos grãos de café e como aprendizes ou ajudantes de trabalhadores de ocupações mais qualificadas. As meninas podiam realizar trabalhos domésticos mais leves na casa do proprietário da fazenda. A remuneração dessas crianças e jovens era mais baixa que a dos adultos.

Às mulheres, fora da lavoura e do serviço da casa, restava a alternativa de realizar trabalhos domésticos na moradia do proprietário, atuando como cozinheiras, lavadeiras, doceiras ou criadas.

A SAZONALIDADE DOS TRABALHOS

Muitas das atividades executadas pelos diferentes trabalhadores da fazenda mantinham um ritmo sazonal ditado pelo café. Entre abril e maio, carpinteiros faziam caixas para lidar com o café no terreiro. Os colonos, de janeiro a abril, cuidavam do cafezal e da cultura de subsistência; em fevereiro e março, colhiam o feijão das águas plantado em geral em setembro e, em março/abril, depois de plantar o feijão da seca, faziam a coroação do café; na segunda quinzena de outubro, ou seja, na minguante de outubro, plantavam o milho e o colhiam, assim como o feijão da seca, antes de iniciarem a colheita do café. De maio a outubro, época de colheita, os colonos se dedicavam a ela, enquanto os ferreiros e os maquinistas trabalhavam no benefício do café, os carreiros conduziam casca do café do benefício para adubar a lavoura, os carroceiros transportavam o café à estação de trem para o embarque em direção ao porto, turmas de camaradas executavam a secagem do café no terreiro e os camaradas avulsos lavavam café e faziam balaios.

Fora do período da colheita, ou mesmo durante esta, cada trabalhador executava tarefas diversas de acordo com sua qualificação, muitos faziam reparos conforme as necessidades da fazenda. Independentemente da época do ano, o trabalho na fazenda era sempre árduo e executado de sol a sol.

Cotidiano, lazer, religiosidade e instrução

Os Codo habitavam uma das casas da colônia São Joaquim. Passavam seus dias labutando nos cafezais e na lavoura de subsistência com rápidos intervalos para se alimentar durante a jornada de trabalho. O jantar, já na casa, era mais tranquilo e a comida certamente mais quentinha. No Brasil, alimentavam-se com mais variedade fartura que em sua terra de origem.

Na fazenda Santa Gertrudes, católicos fervorosos que eram, assistiam à missa aos domingos e dias santos, confessavam-se, comungavam, faziam promessas e batizavam seus filhos na capela da fazenda. A família Codo também comparecia às procissões pedindo aos céus chuvas para a lavoura em época de seca, ou em louvor a Nossa Senhora e aos santos venerados, e ainda organizava rezas em casa. Nesses momentos, os Codo encontravam-se com outros moradores com os quais conversavam, festejavam, lamentavam, criavam laços.

Nos dias em que o trabalho era interrompido, os Codo, além de cumprir as obrigações religiosas, aproveitavam para visitar amigos e parentes, e também para ir à cidade vender o excedente de sua lavoura de subsistência ou comprar os produtos de que necessitavam e não produziam. Os homens da família tinham ainda a oportunidade de jogar truco ou bocha com amigos e conhecidos.

Os Codo também participavam das festas juninas e dos churrascos que a fazenda oferecia aos trabalhadores em épocas de excelente colheita e também assistiam às raras atrações artísticas exibidas no terreiro ou na tulha.

Santo Codo, o chefe da família, tinha conhecimentos básicos de leitura e escrita. Sobre sua esposa Ludovica não se sabe exatamente, é possível que ela soubesse escrever seu nome e ler um pouco ou que fosse analfabeta como a maioria das mulheres nas fazendas cafeeiras. Os filhos homens de Santo e Ludovica aprenderam a ler e escrever, mas sua única filha permaneceu analfabeta, pois na ata de seu casamento consta assinatura a "rogo", ou seja, alguém assinou o documento em seu lugar.

A LABUTA DE ADULTOS,
JOVENS E CRIANÇAS

A jornada de trabalho das famílias colonas estendia-se do nascer do sol ao final do entardecer. Durante todo o ano, essa jornada era cumprida rigorosamente, sob a vigilância do diretor ou fiscal da colônia. Às cinco horas da manhã todos já estavam acordados. Às seis horas, eram chamados pelos sinos tocados em todas as colônias. Então, homens e mulheres, jovens e crianças mais velhas, com suas enxadas e demais instrumentos de trabalho, dirigiam-se para o cafezal. Quando a lavoura de subsistência ficava fora dos limites do cafezal, ela era mantida principalmente por mulheres e crianças, já que os homens obrigatoriamente deveriam priorizar o café.

Na Santa Gertrudes da época, a vida seguia o ritmo comum das áreas rurais em geral, aqui sintetizado por Candido (1964: 95):

> O ritmo da vida do trabalhador rural é delimitado pelo dia, que delimita a alternativa de esforço e repouso; pela semana medida pela "revolução da lua" que suspende a faina por 24 horas, regula a ocorrência de festas e o contato com as povoações; pelo ano que contém a evolução das sementes e das plantas.

Na fazenda de café, assim como no Vêneto e em outros locais, além de a produção se apoiar no trabalho familiar, havia uma rígida distribuição de tarefas pautadas por critérios de sexo, idade e posição hierárquica dentro do grupo doméstico. O chefe da família dava a palavra final, supervisionava todos e atuava como porta-voz do grupo, reforçando características patriarcais trazidas da terra de origem (e encontradas também no Brasil desde tempos coloniais).

Na família colona, as crianças trabalhavam e sua colaboração era significativa. Entre 7 e 11 anos de idade, já prestavam algum pequeno serviço, colaborando com a mãe, avó ou irmã mais velha nas tarefas da casa, como ajudar na cozinha e na limpeza, cuidar dos irmãos menores, levar comida para os que trabalhavam na roça, manter a horta e alimentar os animais. Elas também já participavam dos cuidados com a lavoura de subsistência e ajudavam a colher café. A família contava com o trabalho infantil na medida em que ele liberava os membros mais velhos de certas tarefas para que pudessem se dedicar a outras. Dessa forma, conforme suas forças, as crianças contribuíam para a renda da família. Portanto, sobre seus ombros recaía parte da responsabilidade pela sobrevivência do grupo familiar. Tal responsabilidade obviamente aumentava com a idade.

Os jovenzinhos, com 12 a 16 anos, reconhecidos na documentação da fazenda como "meia enxada", estavam incluídos oficialmente na força de trabalho, embora não tivessem ainda atingido a plenitude de sua capacidade física para o trabalho árduo exigido pela cafeicultura.

Os membros adultos da família, aqueles entre 17 e 45 anos, classificados como "enxadas", eram considerados com plena capacidade física para dedicar-se integralmente aos cuidados do café e das culturas complementares.

Os maiores de 45 anos também eram considerados "enxadas". Dedicavam-se em tempo integral ao trabalho do café até que, com o avançar dos anos e a diminuição de sua capacidade física, passassem a render menos no trabalho.

Muitas famílias tinham crianças até 6 anos de idade e também idosos e inválidos, não capacitados para o trabalho. Eles não produziam e, inclusive, dificultavam o trabalho produtivo do membro responsável pelos seus cuidados, geralmente uma das mulheres da família. Portanto, em termos econômicos, representavam um ônus ao grupo familiar.

Nem todas as mulheres adultas participavam integralmente do "trabalho produtivo". Uma série de variáveis interferia para aumentar ou diminuir sua participação: tamanho e composição da família, momento do ciclo de vida familiar, ou seja, do nascimento dos filhos e dos cuidados com eles, principalmente nos primeiros anos de vida, necessidade de cuidar de idosos, intensidade dos serviços da casa. Por isso, muitas mulheres em idade adulta não eram contadas como "pessoas de trabalho" ou eram consideradas apenas "meia enxada".[24]

Contudo, quando liberadas dos "serviços da casa" ou dos cuidados dos filhos pequenos ou dos idosos, podiam chegar a render tanto quanto o homem.

---

[24] Cálculos elaborados a partir da documentação da fazenda Santa Gertrudes mostraram que menos de um quarto das mulheres adultas imigrantes ou descendentes destes não eram "pessoas de trabalho". Entre as mulheres cearenses, essa proporção era um pouco maior (Bassanezi, 1986a: 36-7).

Oh! Se trabalha! Tinha mulhé lá, barbaridade! Eu tenho uma cunhada... ela desafiava qualque home na enxada... na colheita tem mulhé que colhe mais... ela trabalha mais severa. (Depoimento de ex-colono, 1971)

A mulher grávida trabalhava até o momento de dar à luz. Não eram raros os casos em que a criança nascia na carroça enquanto a parturiente, prevendo o nascimento, tentava voltar para sua casa. Bebês nasciam até sob o cafeeiro, em condições precárias de higiene, e eram colocados no caixote forrado com alguns panos que a gestante previdente levava ao cafezal (depoimento de ex-colona, 1971).

Entre os imigrantes, as mulheres não eram poupadas por razões culturais do trabalho árduo na lavoura, pelo contrário. Isso, inclusive, chamou a atenção do italiano Guido Maistrello, que, na época, atribuiu o casamento de algumas filhas de estrangeiros "com homens de cor" ao hábito do nacional de "deixar sempre a mulher em casa para tratar dos afazeres domésticos", livrando-as do "trabalho pesado na roça" (Maistrello, 1923: 554). (Guido Maistrello foi administrador da grande e famosa fazenda Amália de Santa Rosa de Viterbo e primeiro prefeito desse município.)

Na casa, o trabalho também era árduo. A mulher era a primeira da família a levantar-se e a última a ir dormir. Limpava a casa e lavava utensílios e roupas em bacias com a água conseguida em fontes, bicas e riachos ou extraída de poços ou caixas-d'água localizados no meio do terreno da colônia, pois não havia água encanada nas casas dos colonos. Também não havia luz elétrica, o que a obrigava a passar roupa com um pesado ferro abastecido com brasa. Em um fogão à lenha, preparava as refeições do dia a dia, as conservas, a carne suína e seus derivados. Em um pequeno forno de barro, que ficava do lado de fora da casa, assava pães e bolos. A mulher ainda preparava os grãos de café para o consumo da família: socava-os em um pilão, depois os torrava em pequenas torradeiras (compradas ou improvisadas) e os transformava em pó em pequenos moedores manuais.

Além disso, era responsável por cuidar das crianças, dos idosos necessitados e dos inválidos. Ela ainda costurava, confeccionando o vestuário de toda a família, as roupas de cama, de mesa e de banho. Quando havia muito para costurar, procurava dormir mais cedo e acordava às três ou quatro horas, pois como disse uma ex-colona, "a costura com o corpo descansado rendia muito mais" (depoimento, 1971).

O serviço doméstico não dava tréguas, não podia ser acumulado. Consumia também noites, madrugadas (à luz de lamparinas a querosene) e finais de semana, isso sem contar que a maioria das mulheres ainda labutava na lavoura de subsistência e ajudava os homens nos cuidados com o cafezal.

Especialmente quando a safra era abundante, para que o trabalho fosse feito no menor espaço de tempo possível, todos os membros da família colona eram convocados para participar da colheita. Nessas ocasiões, as casas eram fechadas durante o dia, já que a família toda se deslocava para o cafezal. A vida pacata dos colonos se transformava com tamanha movimentação.

Maistrello também deixou registrada sua visão (um tanto idealizada) da cena de época de colheita.

É interessante espetáculo assistir e acompanhar a colheita, ver as famílias inteiras saírem de suas casas carregando panos nos ombros, as peneiras, os rodos, os velhos a fumar seus cachimbos e ao escurecer todos mascarados pelo pó irreconhecível voltarem para casa alegres e satisfeitos. (Maistrello, 1923: 557)

E não era só nos talhões do cafezal que se vivia esse frenesi. Também a sede da fazenda ficava bastante agitada nessa época: no lavador (local da limpeza), no terreiro (local da secagem) e no prédio das máquinas (onde o café era beneficiado e ensacado), atuava um grande número de trabalhadores assalariados. Sua jornada de trabalho não diferia muito da vivenciada pela família colona, com seus horários rígidos e a exigência de grandes esforços em tarefas igualmente pesadas e cansativas.

Quando a luz elétrica foi introduzida na sede da fazenda Santa Gertrudes, postes de iluminação foram instalados no terreiro para que não se interrompesse o trabalho do preparo dos grãos ao anoitecer, que, a partir de então, passou a avançar até altas horas da noite. Os homens empregados no beneficiamento trabalhavam quase ininterruptamente. Os carroceiros transportavam diariamente mais de uma centena de sacas de café à estação ferroviária, destinadas ao porto de Santos, de onde seriam exportadas.

O término da colheita significava a conclusão de um ano de trabalho. Era também o momento em que os trabalhadores – os colonos e os demais – faziam um balanço de seus ganhos e esforços, e decidiam sobre seu futuro, optando ou não por permanecer mais um "ano agrícola" na fazenda. A conservação do paiol, da cerca e da casa eram alguns dos sinais de que a família iria permanecer por mais algum tempo na Santa Gertrudes.

A CASA, QUE ABRIGA E ACONCHEGA

Os D'Ascenzi, os Codo, os Milani, os Buoro, os Alonso, os Müller e tantos outros trabalhadores que chegaram à Santa Gertrudes a partir do final dos anos 1890 encontraram, nas colônias da fazenda, casas para morar de alvenaria, cobertas com telhas, com chão de tijolos, edificadas no mesmo plano em diferentes espaços da fazenda. Eram moradias melhores do que as que habitavam em sua terra de origem. A maioria das casas era geminada, compreendendo cada uma quatro cômodos: dois que serviam de quarto, um de sala ou depósito e uma cozinha.

As casas destinadas aos empregados mais qualificados ficavam ao redor da sede e eram um pouco mais amplas e melhores que as das colônias (Figuras 18 e 19).

Figura 18
Casas de uma colônia (Acervo da autora)

Figura 19
Casas de trabalhadores na sede (Acervo da autora)

As instalações sanitárias não faziam parte integrante da casa, nem havia água encanada ou esgoto. A higiene corporal cotidiana era realizada no quarto, onde se tomava banho em grandes bacias, com água trazida em baldes, que nos dias mais frios era aquecida no fogão à lenha da cozinha. As necessidades fisiológicas eram realizadas no mato ou em local que alguns denominavam "casinha" (um pequenino cercado de madeira ou tijolo, às vezes coberto, que ficava pouco distante da casa, onde um buraco ou fossa servia de vaso sanitário). O banho no rio ou lago era mais requisitado na época da colheita, quando a poeira cobria de tal modo o corpo e o rosto das pessoas a ponto de ficarem irreconhecíveis. Esse banho era realizado em grupos separados de homens e de mulheres, com a presença de um vigia, como guardião da moralidade, para evitar espiões e intrusos.

O interior das casas era decorado com estampas de santos, fotografias e figuras que refletiam o padrão estético dos moradores. Os móveis eram poucos e modestos: camas de cavaletes ou varas com colchão de palha, canastras, prateleiras, bancos e mesas muitas vezes eram adquiridos na própria carpintaria da fazenda.

Cada casa possuía um terreno anexo, onde os moradores plantavam hortaliças, legumes e frutas, e criavam porcos e galinhas para suprir sua alimentação ou serem comercializados na vila ou cidade mais próxima.

A ROUPA, QUE PROTEGE O CORPO E PRESERVA OS COSTUMES

As roupas dos colonos e demais trabalhadores da fazenda primavam pela funcionalidade e visavam, sobretudo, à proteção do corpo, mas também seguiam "a moral e os bons costumes" da época.

Os homens usavam calça comprida, camisa de manga comprida, calçado de lona e chapéu de palha. As mulheres vestiam saias longas e rodadas, avental, blusa de mangas compridas e usavam lenço na cabeça. As crianças menores andavam apenas de camisolão. Dependendo dos recursos disponíveis, os homens usavam botas; as mulheres e crianças, sapatos ou botinhas. Muitos colonos andavam descalços, deixando o sapato, quase um luxo, para a missa, as festividades e as idas à cidade (Figuras 20 e 21).

Figura 20
Vestuário
(Acervo Museu Paulista. Detalhe de óleo de Antonio Ferrigno, 1903)

Figura 21
Vestuário
(Acervo Museu Paulista. Detalhe de óleo de Antonio Ferrigno, 1903)

As roupas eram confeccionadas em tecido grosseiro de algodão liso, listrado, estampado ou xadrez comprado na cidade, ou ainda com sacos de trigo alvejados, adquiridos vazios no mercado, já que o trigo era um luxo para os trabalhadores do café.

Francisco Matarazzo, italiano que se tornou um grande industrial paulista, observou que as mulheres das fazendas utilizavam a sacaria para a confecção das roupas e resolveu instalar máquinas de estampar tecidos em seu primeiro cotonifício para sacaria em 1904. Ele viu nesta clientela um mercado promissor, tornando-se então "o primeiro a empregar essa inovação em São Paulo e sua estamparia foi a única paulista que operou lucrativamente antes da Primeira Guerra Mundial". Essa estamparia veio somar aos seus múltiplos empreendimentos que cresciam aceleradamente e ampliavam seus lucros na época (Dean, 1971: 70).

Como eram as mulheres da família que confeccionavam e consertavam as roupas, a máquina de costura assumia uma importância quase vital na economia familiar. Quem não possuía máquina de costura tentava emprestar das vizinhas. As famílias procuravam adquirir uma máquina dessas logo que possível. Assim, a maioria das casas acabava tendo uma, cujo manejo, atividade feminina, era introduzido desde cedo às jovenzinhas.

A REFEIÇÃO, QUE RECOMPÕE ENERGIAS

A dieta das famílias colonas na fazenda Santa Gertrudes era saudável e de baixo custo para os padrões da época. A nutrição era garantida pela produção familiar de milho, feijão, arroz, verduras, legumes e frutas, pela criação de animais de pequeno porte, além do leite fornecido pela vaca eventualmente mantida pela família. Com isso, a alimentação dos colonos era bem melhor, mais abundante e variada do que aquela que os imigrantes haviam tido em sua terra de origem. Superava também em quantidade e qualidade a de muitos trabalhadores rurais nativos e a de centenas de trabalhadores nacionais e estrangeiros mais pobres, moradores nas periferias das áreas mais urbanizadas da época.

A criação de animais de pequeno porte, principalmente porcos e galinhas, assegurava o abastecimento de carne, cujo consumo era obviamente muito mais frequente que o de carne bovina. A carne bovina era consumida de tempos em tempos, quando a fazenda fazia o abate do gado e a vendia aos empregados no seu próprio açougue. Somente a partir de 1919, o abate e a venda de carne bovina aos trabalhadores passaram a ser mais frequentes e regulares. Mas nem todos os trabalhadores podiam "dar-se ao luxo" de comer carne bovina: cerca de um terço deles não conseguia comprar essa carne ao menos uma vez ao mês no açougue da fazenda.

O abate de porcos era realizado periodicamente, aos sábados à tarde, quando a faina da lavoura do café terminava mais cedo. Os colonos preparavam, então, a linguiça, o chouriço, o torresmo e a carne a ser consumida nas semanas seguintes. Derretiam também a banha, que depois seria utilizada na elaboração de alimentos e na conservação de pedaços de carne suína.

A polenta, prato constante na alimentação dos colonos, mostra a influência dos costumes alimentares do norte da Itália, especialmente do Vêneto. Fácil de preparar, transportar e conservar, ela era feita com o milho produzido pelos próprios colonos, o que tornava o fubá, matéria-prima da polenta, um produto relativamente barato.

A família colona tinha o hábito de realizar cinco refeições ao dia. A primeira, o café da manhã, e a última, o jantar, ocorriam na casa e as demais, no local de trabalho, fosse no cafezal ou fosse na roça. O jantar era a única refeição quente, o que mostra a peculiar condição da alimentação a que estava sujeito o trabalhador, uma vez que as necessidades do serviço estavam em primeiro plano. O jantar era preparado pela mulher depois que ela retornava da lavoura. Essa refeição significava também a oportunidade de reunião familiar em um ambiente mais tranquilo e íntimo, agregando todos os membros da família (Quadro 2).

Quadro 2
Dieta da família colona. Fazenda Santa Gertrudes (1895-1930).

Hora	Local	Tipo	Alimento
5h30	Casa	Café da manhã	Café e pão.
9h30	Roça	Almoço	Polenta ou arroz com feijão, ovos e linguiça.
12h	Roça	Merenda (seguida de descanso)	Polenta frita com café e leite.
15h	Roça	Café da tarde	Café, leite, pão, mandioca ou polenta frita.
18h-19h	Casa	Jantar	Polenta ou arroz com feijão, carne ou bacalhau, verduras, legumes.

Fonte: Entrevistas realizadas com antigos trabalhadores e seus descendentes em 1969-1971.

Com frequência, o trabalhador levava para a lavoura seu almoço e a "merenda". Algumas vezes, quando a mulher por algum motivo permanecia em casa, ela ou o filho menor transportava as refeições até os talhões de café de responsabilidade da família.

Aos domingos, a família reunida comia um pouco melhor. Como lembrou um ex-colono, "domingo era o dia de comer bem: um arroz bem temperado, uma macarronada e um franguinho" (depoimento, 1971).

Em algumas ocasiões festivas, como nas vésperas de Natal e de Ano-Novo, o proprietário da fazenda mandava abater bois e distribuir a carne gratuitamente aos trabalhadores, tornando mais ricas as mesas das famílias.

O LAZER, QUE DESCANSA E SOCIALIZA

Embora o trabalho absorvesse quase todo tempo dos colonos e dos demais trabalhadores, na fazenda havia também espaços e oportunidades para o lazer, a vida religiosa e a sociabilidade.

Os momentos de lazer eram poucos e se concentravam geralmente em domingos, feriados e dias santificados. Para as mulheres, esses momentos eram mais raros que para os homens, já que elas não podiam deixar de lado suas obrigações domésticas. Nos dias de trabalho, após voltar da lavoura e jantar, os homens podiam sair para jogar cartas ou apenas conversar um pouco com os vizinhos, recordando a Europa, comentando a lavoura, elaborando planos para o futuro... Às 21 horas dava-se o toque de recolher na fazenda, quando todos eram obrigados a entrar em casa, embora por volta das 20 horas a grande maioria, cansada, já estivesse na cama.

As oportunidades de lazer eram o outro lado da moeda do controle exercido sobre os trabalhadores, já que interessava ao proprietário que eles continuassem na fazenda relativamente satisfeitos. Assim, a necessidade de mão de obra numerosa e estável levava o fazendeiro não só a reforçar a vigilância sobre o trabalho, mas também a proporcionar aos colonos e aos demais trabalhadores momentos de descanso, diversão e devoção religiosa que incentivassem a permanência dos "bons trabalhadores" e atraíssem novos. Além disso, ajudavam a manter a paz e a harmonia na propriedade.

Domingos, dias santificados e feriados, portanto, eram dias de recreação, contatos sociais e relações comerciais. Eram aproveitados para frequentar a igreja, deslocar-se até as vilas ou cidades próximas para comprar alimentos, aviamentos ou peças de vestuário e também para vender o excedente da produção de subsistência. Nesses dias, as pessoas exibiam suas melhores roupas, estreitavam contatos, visitavam parentes e amigos nas colônias da própria fazenda ou em terras e vilas vizinhas. Nessas ocasiões, as crianças brincavam e os homens tinham a oportunidade de jogar malha, bocha, truco, tômbola ou três sete (um jogo de cartas muito apreciado pelos italianos, cuja característica fundamental é a comunicação com o parceiro através da gesticulação das mãos), ou caçar e pescar. Para muitos também era o dia em que se afrouxavam os rigores quanto à ingestão de bebidas alcoólicas – alguns retornavam às suas casas embriagados.

Nesses dias, trabalhavam apenas os empregados cujos serviços não podiam deixar de ser realizados.

Na véspera do Natal, no último dia do ano, no sábado de Aleluia e na terça-feira do Carnaval (antes da Quaresma), o trabalho encerrava-se ao meio-dia, antecipando o lazer que continuava no dia de Natal, no primeiro do ano e no domingo de Páscoa.

O "tempo sagrado" marcava a vida na fazenda Santa Gertrudes. Missas, procissões, novenas e outras práticas religiosas católicas ocorriam aos domingos e em dias santificados. Houve épocas em que a missa era celebrada todos os domingos ou em domingos alternados, ou seja, a cada 15 dias. Além da expressão religiosa intrínseca, ir à missa constituía igualmente forma de lazer, meio de inter-relação social, traço típico da sociedade rural daquela época (Camargo, 1971).

Na fazenda Santa Gertrudes, o trabalhador pôde, inclusive, vivenciar em algumas poucas ocasiões diversões tipicamente citadinas patrocinadas pelo fazendeiro: espetáculos de marionetes, de humor, de ginástica, de música e sessões de cinema. Em 24 de dezembro de 1908, por exemplo, o humorista João Minhoca, considerado o introdutor do teatro de marionetes no estado de São Paulo, que havia se apresentado no Jockey Club paulistano, foi à Santa Gertrudes e divertiu seus moradores. Em 1910, o Grupo Brasileiro de Isidoro Lourenço Gonçalves fez apresentações de ginástica. Em 1912, houve as apresentações da famosa Companhia Pires e do coro de crianças do Orfanato Cristoforo Colombo de São Paulo. Nesse ano também foram exibidos os primeiros filmes do cinema local (Figura 22). A documentação infelizmente não mostra por quanto tempo funcionou esse cinema, nem que tipo de filmes exibia.

Figura 22
Prédio da tulha, onde eram exibidos espetáculos e filmes na fazenda
(Acervo da autora)

Em 1926, uma correspondência expedida pelo administrador da fazenda ao Diretor da Repartição de Estatística e Arquivo do Estado de São Paulo informava que:

> *[...] não tem teatro e menos ainda salão de cinematographo, ou melhor, tem um salão onde raramente são passadas algumas fitas, mesmo estas são passadas exclusivamente em caráter particular e de uso absolutamente dos snrs proprietários.*
>
> *[...]*
>
> *Sem mais, sou de V.S. Ass ATT [assina o administrador].* (Fazenda Santa Gertrudes, Copiador 49, 1926: 281)

O término da colheita era comemorado com festa, especialmente nos anos de grande safra. "Comes e bebes" eram oferecidos pela fazenda a todos os empregados como mais um incentivo para se empenharem e permanecerem até mais um ano agrícola.

O lazer infantil, os folguedos, as brincadeiras e os brinquedos das crianças não foram registrados na documentação escrita. Esse mundo emerge da memória dos velhos, que foram crianças na fazenda na época do café, nas décadas iniciais do século XX. Suas lembranças remetem a jogos coletivos que passaram por gerações: as cirandas, as brincadeiras com bola, o "pula-sela", a "cabra-cega", o "passa anel", "esconde-esconde", entre outros. As memórias recuperam os divertidos banhos de rio, os passeios a cavalo, a caça de passarinhos e as festas "dos adultos" com músicas e danças. Sabugos, palha de milho e galhos eram transformados em bonecas, petecas e cavalinhos; latinhas, caixas de papelão ou madeira viravam carrinhos, carrocinhas e casinhas; meias e trapos velhos tornavam-se bolas, tudo através de mãos habilidosas dos pais, avós e padrinhos.

A RELIGIÃO, QUE PACIFICA, ORIENTA E CONFORTA

Nas aldeias vênetas, de onde se originou a maioria dos trabalhadores da Santa Gertrudes, havia um padre para cada duas ou três centenas de pessoas que ministrava sacramentos, dirigia práticas religiosas e oferecia conforto espiritual (Beozzo, 1993). Porém, nas fazendas de café paulistas, os imigrantes nem sempre puderam manter o costume da missa diária ou semanal, nem observar com a mesma intensidade os sacramentos e as práticas religiosas com os quais estavam acostumados. Nessas propriedades "até a religião entrava a custo" (Trento, 1988: 11), não só havia escassez de padres, como também suas visitas ao mundo fechado das fazendas dependiam de negociações com o proprietário, que avaliava as vantagens e desvantagens que teria com essa presença da Igreja em seus domínios. Já entre os colonos, muitos viam os padres com certa desconfiança, acreditando que estivessem a serviço dos interesses dos patrões (Bassanezi, 1986b).

Contudo, na fazenda Santa Gertrudes, entre 1899 e 1930, foi diferente. Graças às regalias concedidas pela Santa Sé ao proprietário (a quem, entre outras coisas, ofereceu o título de conde) e à capela incorporada à Igreja de São João de Latrão de Roma, missas eram celebradas todos os domingos, salvo em alguns períodos em que as celebrações ocorriam no primeiro e no terceiro domingo do mês. Na Santa Gertrudes, o conteúdo litúrgico, o cerimonial religioso, com exceção do sacramento da ordem, correspondia ao de Igreja Matriz. Os sacerdotes não residiam na fazenda, mas sua presença era constante.

Nos dias considerados santificados, pela manhã, era celebrada missa geralmente cantada e, à tarde, havia procissão em louvor ao Santo ou à Nossa Senhora, conforme a comemoração do dia (Quadro 3)

> *Em honra a N. S. da Conceição foi hoje celebrada solene missa cantada na bela Capella d'esta fazenda, tendo a tarde sahido bem organizada procissão á qual concorreu, além da banda de musica do Orphanato Christovam Colombo, que veio de S. Paulo especialmente para esse fim, incalculavel numero de devotos, não só d'esta como de outras fazendas vizinhas.* (Fazenda Santa Gertrudes, Copiador 27, 1906: 27)

Quadro 3

Festas religiosas fixas comemoradas
Fazenda Santa Gertrudes (1895-1930)

Dia	Festa
6 de janeiro	Festa dos Reis Magos
19 de janeiro	Circuncisão do Senhor
25 de janeiro	São Paulo
3 de maio	Santa Cruz
13 de junho	Santo Antônio
24 de junho	São João
29 de junho	São Pedro
15 de agosto	Assunção de Nossa Senhora
6 de setembro	Natividade de Nossa Senhora
1º de novembro	Todos os Santos
2 de novembro	Finados
14 de novembro	Santa Gertrudes
8 de dezembro	Nossa Senhora da Conceição
25 de dezembro	Natal

Fonte: Fazenda Santa Gertrudes, Copiador, 1895-1930.

O Natal era precedido pelo "Tríduo de Natal", em que à zero hora do dia 25 era celebrada a Missa do Galo e, pela manhã, outra missa solene. No último dia do ano, realizava-se o *Te Deum Laudamus*. No primeiro dia do novo ano, havia missa solene cantada. Nessas ocasiões, em geral, os corais dos orfanatos ou de seminaristas vindos da cidade acompanhavam as cerimônias.

> *25 de dezembro de 1900.*
>
> *Por ser dia Santo e haver festa na Fazenda ninguém trabalhou. Pelos Revmos Padres José Michaux, Zia, Guilherme Paolini e o Vigário de Araras foi realizada uma peregrinação à Capela d'esta Fazenda a que compareceu diversos cavalheiros e [ilegível] vindos de Cordeiro, Araras e Limeira. Foram também celebradas três missas na Capela da Fazenda, sendo a meia noite, 9 e 11 e 1/2 horas da manhã.* (Fazenda Santa Gertrudes, Copiador 9, 1900: 82)

A Semana Santa na fazenda repetia as mesmas cerimônias celebradas nas igrejas mais importantes da cidade (Quadro 4).

Quadro 4
Cerimonial da Semana Santa.
Fazenda Santa Gertrudes (1895-1930)

Dia	Hora (h)	Solenidade
Domingo de Ramos	7	Missa
	10	Missa com Benção de Ramos
	18	Reza e Via Sacra
2ª feira	19	Reza e Via Sacra
3ª feira	19	Reza e Via Sacra
4ª feira	19	Reza e Via Sacra
5ª feira	8	Missa solene cantada com procissão
	dia inteiro	Adoração do SS Sacramento
	19	Noturno e Lamentações com discurso e Lava-pés
6ª feira	7	Missa *presantificatorum*, breve procissão e adoração da Cruz
	18	Via sacra, discurso da Paixão e solene procissão do Senhor Morto
Sábado Santo	7	Benção de Fogo, Círio Pascal e missa solene das Aleluias
	19	Reza de Nossa Senhora da Conceição, coroação de Nossa Senhora e confissões
Domingo de Páscoa	5	Procissão da Ressurreição, missa de Devoção e comunhão geral
	9h30	Missa Solene
	19	*Te Deum Laudamus*

Fonte: Fazenda Santa Gertrudes, Copiador, 1895-1930.

As festas juninas, por sua vez, eram comemoradas com atividades religiosas e profanas. Pela manhã, sempre missa cantada, e à tarde, procissão. Nessas ocasiões, havia ainda grande queima de fogos, churrasco e distribuição gratuita de bebida aos trabalhadores pela fazenda.

> *Celebrou missa cantada hoje na Capella desta o Revmo. Snr Padre Leandro Dell Uouro acolizado pelo Revmo. Padre Humberto Mansini e as 4 horas da tarde houve uma Procissão imponente com grande acompanhamento em honra ao glorioso Sto Antonio.* (Fazenda Santa Gertrudes, Copiador 24: 4)

> *Celebrou missa cantada hoje na Capella desta o Revmo. Snr Padre Leandro Dell Uouro e as 5 da tarde houve uma imponente Procissão em honra do glorioso Sto S. João assistindo o Exmo. Snr Conde de Prates, E Exma. Snra Condessa de Prates e seu filho Eduardinho e todo o pessoal da Fazenda. Realizou-se na tulha mais um espetáculo de gynastica do Grupo Brasileiro.* (Fazenda Santa Gertrudes, Copiador 24, 1910: 35)

Rezas coletivas e festas dos santos seguiam o calendário católico regular, contudo, a ele foram acrescentas as festas em louvor à Santa Gertrudes, padroeira da fazenda, e à Santa Cruz, cuja inclusão se deveu à presença dos padres estigmatinos no município de Rio Claro no início do século xx.

Na fazenda, realizavam-se também cerimônias de batizado, primeira comunhão das crianças, crisma, além de se benzerem prédios e instalações. Havia ainda rezas e procissões intercedendo aos céus por chuva, em épocas de secas prolongadas.

> *Continuando ainda a falta de chuva aqui o que tem pre-*
> *judicado já bastante a lavoura não permitindo fazer-se*
> *plantações de cereais pediram me os colonos para fazerem*
> *preces na Capella e Procissão no terreiro da Fazenda, o que*
> *se tem feito nos últimos dias.* (Fazenda Santa Gertrudes,
> Copiador 10, 1901: 337-38)

> *Comunico a Va. Excia que a pedido dos colonos o Ver.*
> *Padre Alfredo Buonavinte ficou aqui a fim de fazer um*
> *tríduo com missas e procissão para alcançar chuvas.*
> (Fazenda Santa Gertrudes, Copiador 43, 1913: 443)

Nos anos 1920, foram também realizadas "missões", que constavam de rezas, sermões, missas, procissões e crisma. O sacramento da crisma, em 1926, alcançou 500 fiéis e, em 1927, 326. Nessas ocasiões, cerca de 600 pessoas também se confessaram e receberam a comunhão.

Os padres que serviram a fazenda Santa Gertrudes pertenciam a ordens religiosas italianas que apregoavam parâmetros tridentinos e ultramontanos, os mesmos nos quais se apoiava a vivência do catolicismo dos habitantes do Vêneto. Primeiramente, foram os escalabrinianos, da Ordem de São Carlos fundada no norte da Itália, para atender aos imigrantes. Os padres dessa ordem buscavam conservar entre os imigrantes italianos uma ligação afetiva e patriótica com a terra de origem, a mãe pátria. Assim, defendiam a manutenção da língua pátria como condição indispensável para que os imigrantes italianos preservassem a fé, o que os levava muitas vezes a confrontos com o clero local (Azzi, 1988).

Posteriormente, a fazenda passou a ser atendida por padres denominados estigmatinos, pertencentes à Congregação dos Sagrados Estigmas de Nosso Senhor Jesus Cristo, ordem fundada em Verona, na Itália, no início do século XIX.[25] Os moradores da fazenda Santa Gertrudes chegaram ainda a ser atendidos por padres de outras ordens religiosas e padres seculares, mas com menor assiduidade.

Ao prestar assistência religiosa aos moradores da fazenda, o padre garantia uma remuneração monetária[26] e demonstrava seu zelo para com os fiéis, que na época era medido pelo número de confissões ouvidas e de comunhões ministradas.

A presença do padre no interior da fazenda Santa Gertrudes era ambígua. De um lado, assegurava a assistência espiritual aos trabalhadores católicos, que em sua maioria eram imigrantes italianos. Esses fiéis valorizavam muito a oportunidade de viver em um local cuja capela era bastante semelhante em instalações e serviços às igrejas de sua terra natal, e ainda apreciavam poder ser atendidos por padres de sua nacionalidade, que falavam sua língua. Por outro lado, reforçava o *status* do proprietário, conde papal, e ajudava a fixar seus empregados, especialmente os italianos, na fazenda. O padre, por meio de suas pregações religiosas, era ainda um elemento

---

[25] Em 1915, esta Congregação fundou sua primeira casa no Brasil, no bairro da Santa Cruz no município de Rio Claro, onde passaram a dar assistência religiosa aos moradores, basicamente imigrantes e seus descendentes, e também aos que viviam nas áreas rurais da região.

[26] Em 1923, o padre foi pago "pela celebração de missas e gratificações aos padres pelos serviços da Semana Santa Rs500$000", quantia elevada, tendo em vista o valor da remuneração dos trabalhadores.

disciplinador que servia para evitar conflitos e garantir a paz na fazenda.

A Santa Gertrudes contava com sacristão, que executava os serviços de manutenção da capela e acompanhava os ofícios religiosos, para os quais era remunerado mensalmente. Ao que tudo indica, no universo dessa fazenda não houve oportunidade para que "rezadores" ou "rezadoras" assumissem liderança religiosa marcante, o que não significa que eles não existissem e atuassem nas colônias. A documentação e os relatos não apontam a figura de "benzedeiras" ou "benzedeiros" na cura dos males do corpo e da alma entre os trabalhadores da Santa Gertrudes. Mas, muito provavelmente, elas e eles existiram, dado que sua presença era comum nas sociedades rurais, principalmente porque nem sempre se podia contar com a presença de profissionais da saúde.

Por todas essas particularidades, a vida religiosa da qual usufruíam os trabalhadores na fazenda Santa Gertrudes não coincide totalmente com os critérios do catolicismo tradicional rural brasileiro, apontados por Camargo (1971). No que tange aos "valores religiosos e sua identificação com a sociedade inclusiva", essa fazenda era expressão dessa relação, se levarmos em conta a origem católica da maioria dos trabalhadores, a tradição católica da própria fazenda e a efetiva procura de orientação religiosa por parte dos imigrantes fragilizados em virtude de seu deslocamento. Quanto aos "reflexos da estrutura social na coletividade religiosa", eles eram incompletos na Santa Gertrudes, uma vez que somente dois estratos eram distinguidos na distribuição dos lugares ocupados durante as práticas religiosas: os proprietários na lateral esquerda do altar-mor, em cadeiras de "palhinha austríaca", com genuflexórios individuais, que determinavam o momento do início dos ofícios religiosos, e os empregados na nave, em bancos coletivos de madeira. Não se tem notícia de distinção hierárquica entre os próprios empregados no espaço da igreja, nem nas procissões e demais manifestações religiosas.

A ausência de registros escritos não permite delinear com detalhes o "quadro de como os trabalhadores manifestavam sua religiosidade". No que diz respeito à observância do "culto às almas", há registros de "missas de sétimo dia" e de "trigésimo dia" para os membros falecidos da família proprietária, com a presença dos empregados. Todavia, não há nenhuma referência a missas fúnebres para trabalhadores ou para seus familiares falecidos, o que se deve, possivelmente, ao fato de não se realizar missas fúnebres em domingos e dias santos na época, impedindo, assim, essa prática religiosa pelos trabalhadores ocupados no campo em todos os demais dias da semana. Quanto ao "culto doméstico às almas", depoimentos de antigos colonos afirmam que, nos sete dias que se seguiam ao óbito, faziam-se rezas domésticas coletivas pela alma do falecido.

Ao que tudo indica, o "espaço sagrado" na fazenda consistia apenas na capela lateranense. A capela da antiga fazenda Palmeiras, incorporada à Santa Gertrudes em 1902, foi abandonada, não tendo importância enquanto espaço sagrado atuante. Não foi registrada a existência de cruzes, de pequenos santuários nem de mortos enterrados na fazenda, pois eles eram sepultados nos cemitérios municipais da região.

O "tempo sagrado" não era marcado por ciclo litúrgico local, mas pelo calendário regular urbano hebdomadário. Jejum e abstinência também eram praticados pelos fiéis. Não se tem registro sobre a existência de oratórios domésticos, nem sobre ideal religioso e ideologia. Contudo, é possível que a prática de fazer promessas com vistas à obtenção de favores fosse muito comum, principalmente tendo em conta as frequentes rezas e procissões vinculadas aos fenômenos da natureza.

O catolicismo na fazenda, na época, era híbrido. Não apresentava sequer todos os traços predominantes que permitem enquadrá-lo em uma tipologia rural ou urbana. Embora vivido em um ambiente rural, ele escapou à herança colonial de origem ibérica, sofrendo, por outro lado, a influência romana. De fato, houve um ajustamento da comunidade da fazenda aos cânones impostos pela alta hierarquia de Roma. No início do século XX, monsenhor Botti, italiano, estabeleceu-se em Rio Claro com o objetivo de reorganizar a Igreja com padrões diretamente ditados por Roma e ampliar o atendimento religioso aos moradores da cidade e região. Isso talvez explique também a ausência na documentação da Festa do Divino, tão característica da zona rural brasileira.

A capela da Santa Gertrudes não recebia apenas fiéis da fazenda. Nas principais cerimônias religiosas participavam, igualmente, pessoas das localidades vizinhas.

Resta lembrar que na cidade de Rio Claro havia a alternativa do protestantismo presbiteriano e luterano, porém, o exclusivismo católico foi muito rígido na fazenda Santa Gertrudes.

Em que se pesem as condições oferecidas ao trabalhador para a vivência religiosa na Santa Gertrudes, é preciso reforçar que, no mundo isolado e fechado da fazenda, tal vivência esteve sempre sob o controle do proprietário e, na sua ausência, do administrador – controle que se estendia sobre o espaço e o tempo religioso e, consequentemente, sobre todas as atividades que extrapolassem a casa do trabalhador. O calendário litúrgico e as cerimônias religiosas passavam pela aprovação da fazenda e os santos celebrados eram os da devoção do proprietário ou os escolhidos por sugestão do clero. Até mesmo a presença do padre estava subordinada à disposição do fazendeiro em permiti-la ou não em suas terras.

A caridade pregada pela religião (e às vezes estimulada pelo fazendeiro) levou colonos a se cotizarem no sentido de enviar recursos financeiros para os atingidos por calamidades e para pessoas necessitadas, como Maria Contato, provavelmente viúva, que retornou à Itália com seus filhinhos e sua sogra.

> *Em uma subscrição que aqui promoveu-se, arranjou-se entre todo o pessoal d'esta fazenda a quantia de 414.000 em benefício pela seca do Ceará cuja quantia será entregue pelo Snr Domingos Fernandes na redação do O Estado de S. Paulo.* (Fazenda Santa Gertrudes, Copiador 8, 1900: 492)

> *Importancia aqui arranjada por ordem de V.Exa. em benefício das victimas dos terremotos da Calabria, importa em 580$000 rs achando-se em meu poder [ilegível] resto da importância debitada a diversos nos livros d'esta fazenda.* (Fazenda Santa Gertrudes, Copiador 16, 1905: 186)

Fiz entrega a Contato Maria da qta. de Rs137.900 sendo Rs42.700, produto de uma subscripção, promovida entre os colonos das colônias São Joaquim e São José. (Fazenda Santa Gertrudes, Copiador 7, 1900: 363)

A ESCOLA, UM SONHO PERSEGUIDO

Desde os primórdios da imigração europeia para o café, a falta de escola permeou a vida dos imigrantes e também dos brasileiros inseridos na cafeicultura. Em suas memórias, escritas nos anos 1850, Davatz (1941) lamentava a ausência de escola nas fazendas paulistas, assim como os imigrantes que chegaram depois, durante a chamada imigração de massa.

Imigrantes com baixa escolaridade perceberam desde cedo "a importância da alfabetização para atuarem em uma economia de mercado, onde ela é um dos elementos que possibilitam a comercialização dos produtos" (Durham, 1966: 32). Por isso, embora a maioria dos trabalhadores do café fosse analfabeta ou semialfabetizada, muitos deles não pouparam esforços para se alfabetizar ou para que seus filhos fossem alfabetizados.

As referências sobre assistência escolar aos trabalhadores na Santa Gertrudes são muito poucas. O que se tem são algumas pistas encontradas na documentação da fazenda, em relatos de visitantes e em depoimentos de ex- moradores. Estes últimos revelaram que a instrução era uma preocupação dos próprios trabalhadores, que buscavam se reunir à noite na casa daquele que possuía alguma qualificação e que lhes ministrava aulas de "primeiras letras", de "contas" e de "noções gerais". O colono Julio Caritá, "homem inteligente e com letra bonita", foi durante muito tempo "professor" na Santa Gertrudes. Ministrava aulas à noite, à luz de lampião de querosene em sua casa para 18 ou 20 pessoas, mas só para homens, pois "não ficava bem às mulheres" frequentar tais aulas, que eram pagas em dinheiro ou em espécie, geralmente em querosene, usado, inclusive, nas lamparinas que iluminavam o local das aulas (depoimento de ex-colono, 1971).

Na documentação da fazenda e em relatos escritos, encontram-se algumas pistas sobre escolarização, como referências a "carpinteiros fazendo bancos para a escola" e "pagamento para o professor".

> Nesta fazenda [...] também a exigência de educação civil e moral não é negligenciada; os sentimentos religiosos dos colonos são respeitados. (Marzano, *apud* Pesciolini, 1910: 321; tradução da autora)

A escola instituída na fazenda por iniciativa particular do próprio fazendeiro ou do trabalhador ressentia-se da deficiência de professores, na maioria das vezes improvisados. Somente em 1921 foi instalada na fazenda uma escola pública, a primeira, confiada a professoras diplomadas e, portanto, habilitadas. Nessa ocasião, foram montadas quatro classes: duas mistas em duas colônias (São Joaquim e Santa Cruz) e uma feminina e outra masculina, ambas na sede da fazenda. Embora as professoras fossem nomeadas pelas autoridades governamentais, eram sempre indicadas pelo proprietário e estavam sujeitas a morar em edificações determinadas pela fazenda.

Illmo. Snr Valdomiro Guerra Correa
M D Inspector Escolar da Circunscripção de Rio Claro.

Concordando com a proposta de V.S. para a installação
de 4 escolas publicas nesta Fazenda de Santa Gertrudes,
sendo:
1 mista na colônia São Joaquim
1 mista na colônia Santa Cruz
1 para o sexo masculino na sede da Fazenda
1 para o sexo feminino também na sede da fazenda,
venho informar a V.S. que para todas estas escolas pode esta
Fazenda fornecer casa, desde que os predios para ellas indica-
dos possam ser adaptados para esse fim, como creio que podem.
As professoras ou professores das escolas mistas a serem
instaladas nas colônias poderão habitar as dependencias dos
mesmos predios em que hão de funccionar as escolas, excluin-
do o custo do sustento dessas pessoas e as professoras das es-
colas a serem installadas na sede da Fazenda poderão residir
na mesma, desde que para ellas sejam nomeadas as seguintes
professoras diplomadas pela Escola Normal de S.Paulo.
Leopoldina dos Santos, que se formou em 1911 e leccionou
nos Grupos Escolares da Avenida, em S.Paulo e em Santo
Amaro, tendo um tirocínio de 2 annos e 120 dias de serviço.
Maria de Lourdes Alves, que se formou em 1915 e leccio-
nou no Grupo Escolar da Penha, em S.Paulo, durante 2
annos, substituindo também 3 mezes um professor no alto
da Serra e que é actualmente professora no Grupo Escolar
de Cajuru, para que foi nomeada em 1 de maio de 1919.
E sendo o que me cumpria responder a alludida proposta
de V.S. com toda a consideração é que sou.
De V.S.
[ilegível]
Conde de Prates
(Fazenda Santa Gertrudes, Copiador 42, 1921: 204)

O número de classes instaladas na fazenda nos anos 1920 demonstra que ali havia demanda por escolas para os filhos dos moradores, mas a importância do trabalho infantil para as famílias fazia com que se ausentassem muitas vezes da escola. Por seu turno, o proprietário e o administrador da fazenda não estimulavam o aprendizado dos jovens quando os serviços no cafezal estavam atrasados ou em tempos de colheita. A grande instabilidade do professor devido à "ânsia e desejo de remoção para os grandes centros" (Maistrello, 1923: 571) e o fato de os colonos mudarem-se com frequência (de fazenda para fazenda ou para outros locais) também prejudicavam uma escolaridade contínua. Nas repetidas remoções de professores e mudanças da família, o prejudicado era o próprio aluno que, por um longo período, acabava permanecendo sem aula.

A preocupação com a instrução formal das crianças é muito pouco documentada. Contudo, surpreende um texto do administrador da Santa Gertrudes, datado de janeiro de 1924, preocupado mais com a saúde das crianças e menos com seu trabalho, uma vez que concorda em transferir as férias dos alunos de um período de colheita do café para os meses chuvosos de verão.

> *Sendo eu consultado pelo Snr Januario Domingos Junior diretor das escolas reunidas "Conde de Prates" d'esta Fazenda no município de Rio Claro, sobre si as férias em vez de serem nos mezes de julho e agosto se poderiam ser nos mezes de dezembro e janeiro, declaro:*

– Em absoluto, nada altera os serviços da Fazenda nesses mezes não são aproveitados pelos pequenos que frequentam as escolas, além do que acho, mesmo, que essas férias deveriam ser transferidas, visto esses mezes serem geralmente chuvosos prejudicando assim a saúde das creanças que maior parte tem que fazer regular trajeto a pé.

O Director Geral.

(Fazenda Santa Gertrudes, Copiador 45, 1924: 249)

Em decorrência das circunstâncias adversas à continuidade do processo de escolarização no meio rural e da escassez de informações documentais, torna-se impossível delinear melhor a importância dada à instrução escolar das crianças na fazenda Santa Gertrudes. Há indícios de que ela só tenha sido mais valorizada e incentivada na terceira década do século XX.

Casamentos

Eugenio Affonso nasceu em Vicenza (Itália) em 1878. Era filho de Luigi e Lucia Affonso com quem chegou ao Brasil no início dos anos 1890. Em 1906, Eugenio, então com 28 anos de idade, trabalhava como colono na Santa Gertrudes quando resolveu se casar com Teresa, que tinha 18 anos e morava na mesma fazenda. A jovem noiva era filha de Francesco Modolo e Angela Corte. Ela também havia nascido em Vicenza e emigrado com seus pais para o Brasil, em novembro de 1891. O casamento ocorreu em 22 de dezembro.

Para se casarem, Eugenio e Teresa tiveram que se locomover até a igreja e o Cartório do Registro Civil da cidade de Rio Claro. Os noivos eram analfabetos, portanto alguém teve que assinar por eles na ata de casamento.

Uma irmã de Eugenio, Adélia, nascida em Ribeirão Preto, desposou aos 23 anos de idade, em 17 de junho de 1917, Vicente Tonon, que estava próximo de completar 20 anos. Ambos moravam na fazenda Santa Gertrudes. Adélia era analfabeta, mas seu marido Vicente sabia ler e escrever e, no registro de casamento, sua ocupação aparece como "artista", termo que na época definia um artesão mais qualificado (contudo, o documento não especifica se ele era sapateiro, seleiro, carpinteiro ou se possuía outra habilidade). Ele havia nascido em Pirassununga e também era filho de italianos, Antonio e Anna. As testemunhas do enlace foram Antonio Tonon, também "artista" (não se sabe se pai ou irmão do noivo), e Manoel Augusto de Oliveira, "agente de negócios".

Duas irmãs de Teresa, Paola, de 18 anos, e Maria, de 22 anos, ambas nascidas na Itália, se casaram com homens de famílias italianas também como elas moradores da fazenda Santa Gertrudes. Paola se uniu a Giordano, de 19 anos de idade, filho dos colonos Giovanni Salvatore e Antonia Busseti. Maria desposou Vitorio, de 22 anos nascido em Limeira, filho dos colonos Fortunato Benetti e Adelaide Fuso. Os noivos homens sabiam ler e escrever, mas as noivas eram analfabetas. No casamento de Paola e Giordano, ocorrido em 12 de junho de 1909, testemunharam Felice Milano e o espanhol Artur José Garcia, ambos colonos da Santa Gertrudes. No de Maria e Vitorio, em 22 de novembro de 1911, Giovanne Marega e Giordano Salvatore, também colonos dessa fazenda, foram testemunhas (Figura 23).

Teresa e Eugenio permaneceriam na fazenda Santa Gertrudes ainda por muitos anos. Os outros casais logo migrariam.

UNIRAM-SE EM MATRIMÔNIO

A imensa maioria dos trabalhadores, colonos e não colonos, da fazenda Santa Gertrudes, quando se casavam, o faziam "perante os homens", "de papel passado" (união civil) e também "perante Deus", "no religioso" (casamento católico). Tal prática era facilitada pela proximidade da cidade de Rio Claro e do distrito de Santa Gertrudes, onde se encontravam igrejas e cartórios do Registro Civil. Além disso, havia a pressão dos familiares, dos vizinhos e, às vezes, até do padre para que as uniões fossem formalizadas de modo a não contrariar a religião, a moral e os bons costumes. As condições objetivas mais a pressão social contribuíam para impedir a existência de uniões consensuais e a geração de filhos ilegítimos.

Os casamentos na fazenda em geral uniam pessoas solteiras e, na maioria das vezes, só eram rompidos com o falecimento de um dos cônjuges. A julgar pelas idades das pessoas identificadas na documentação que se casaram de novo, muitos casamentos terminavam precocemente devido à morte de maridos ou esposas. Pistas sobre separação não foram encontradas na documentação analisada nem surgiram nas entrevistas realizadas.

Os recasamentos aconteciam principalmente para os homens e estes davam preferência às mulheres solteiras.

> Em 24 de abril de 1922 às 15 horas no Cartório de Santa Gertrudes, Giuseppe Lazurlo ou Arzoli italiano com 46 anos de idade, viúvo de Maria Nicola Loma, falecida em 29 de setembro de 1921, recebeu em matrimônio Francisca Florencia de Souza, cearense de 31 anos, solteira.

De nove homens viúvos citados na documentação (dois deles de fazendas vizinhas), seis se casaram com mulheres solteiras da fazenda Santa Gertrudes. Apenas uma em quatro viúvas casou-se com um homem solteiro.

As pessoas que recasavam após enviuvar eram, em geral, aquelas que se encontravam em uma fase da vida de plena capacidade de trabalho e estavam aptas a gerar filhos (ou seja, estavam em "plena capacidade produtiva e reprodutiva do seu ciclo vital"). Portanto, pessoas viúvas, relativamente jovens, tinham acesso mais fácil e rápido a uma nova união conjugal que pessoas mais velhas.

A existência de filhos pequenos e a necessidade de cuidar da casa e sustentar familiares favoreciam a procura por uma nova parceira ou um novo parceiro.

Embora numericamente poucos, os recasamentos na Santa Gertrudes confirmam práticas da Europa Ocidental observadas por Segalen (1981: 67-8) e provavelmente as que ocorriam em outras partes do Brasil. Os homens jovens eram mais propensos que as mulheres a se tornarem viúvos em razão da mortalidade feminina nos vinte primeiros anos do casamento por problemas de saúde ligados ao parto e à maternidade. Os homens viúvos se casavam em maior proporção que as mulheres viúvas e, em geral, se casavam mais com solteiras que com viúvas – a idade constituía a variável demográfica principal desse fenômeno, pois havia maior dificuldade para a mulher se casar após os 40 anos. Os homens observavam um intervalo menor que as mulheres entre a viuvez e o recasamento, pois precisavam de uma esposa para cuidar dos filhos que já tinham e da casa. Para as mulheres, não havia tabu com relação a fazer "trabalho masculino", ou seja, a viúva assumia os papéis reservados ao homem com maior tranquilidade do que o homem exercia funções consideradas femininas.

Relações sexuais pré-matrimoniais, mesmo condenadas moralmente, não eram de todo impossíveis. O cruzamento das informações sobre as datas do casamento e do nascimento do primeiro filho revela mulheres se casando grávidas.

> *D.A. de 23 anos e I.M.C. de 17 anos casaram-se em 24 de junho de 1908 e seu primeiro filho nasceu em 04 de janeiro de 1909.*
>
> *A.B. e L.B. também ambos de 19 anos de idade uniram-se em matrimônio no dia 06 de junho de 1910 e tiveram seu primeiro filho em 25 de outubro do mesmo ano.*
>
> *A.F. de 17 anos e M.A de 16 anos casaram-se em 31 de janeiro de 1911 e seu primeiro filho veio ao mundo em 09 de agosto de 1911.*

Contudo, a documentação nada diz se as relações sexuais antes do casamento faziam parte de alguma estratégia do casal de noivos para facilitar a aceitação da união pela família. De qualquer forma, a legalização da união com o pai da criança que pulsava no ventre dessas mulheres se fazia o mais rápido possível, pois a moral e os "bons costumes" pediam um casamento de "papel passado" e "no religioso".

A expectativa entre os moradores da fazenda era de que os casamentos fossem seguidos de festa, proporcionada em princípio pela família da noiva. Mas esta custava caro. A chamada "fuga dos noivos" era então a estratégia utilizada quando não havia dinheiro para "festejar com comes e bebes". Nesse caso, o noivo ia com alguma antecedência ao cartório do Registro Civil e marcava o dia do casamento de "papel passado". Nesse dia, ambos, noivo e noiva, dirigiam-se discretamente ao cartório e se casavam oficialmente. Depois, aguardavam um dia adequado para se casarem na igreja da vila ou da cidade. As famílias ficavam, portanto, dispensadas da obrigação de oferecer uma festa aos parentes e aos vizinhos, sob a justificativa de que os noivos haviam fugido para se casar, ou seja, de que elas não haviam sido comunicadas previamente do enlace.

Quando a família possuía recursos suficientes, havia festa de casamento. Os adultos e as crianças aguardavam no caminho o cortejo que conduzia os noivos de volta da cidade à colônia, a cavalo ou em carroças, comemorando inclusive com rojões. Nesse dia, os lençóis do café viravam tendas para abrigar a festa, "com comilança e quadrilha", como lembraram alguns ex-colonos (depoimentos, 1971).

Após o casamento, dependendo das condições e dos acertos com a fazenda e a família, os novos casais recebiam uma casa para morar, quando possível na mesma colônia em que viviam os pais do noivo, enquanto outros observavam a prática de morar na própria casa dos pais do noivo (residência patrilocal), quando ela contasse com espaço para tal.

A proximidade entre sogra e nora gerava uma série de conflitos pela disputa de poder na família, acirrados ainda mais quando a nora era oriunda de outro grupo étnico. Da nora esperava-se a submissão à sogra, uma força de trabalho a mais na família, no âmbito da lavoura e/ou da casa, e a geração de filhos. Ciúmes e disputa de poder entre cunhadas também geravam tensão. Quando esses problemas tornavam a convivência impossível, muitos casais novos deixavam a casa do patriarca, a fazenda, o que poderia provocar ruptura sem retorno nas relações familiares (Leite, 2000: 164).

QUEM SE CASAVA COM QUEM

A tendência geral de as pessoas escolherem seus parceiros nos locais que frequentavam e entre seus pares tornou a endogamia (casamento entre iguais) a forma de união conjugal predominante na fazenda. Um olhar sobre os casamentos dos moradores da Santa Gertrudes não deixa dúvidas sobre a alta frequência de uniões endogâmicas quanto ao local de residência e quanto à origem étnica dos noivos. Em quase 80% dos casamentos, ambos os cônjuges residiam na fazenda no momento de seu casamento e uma porcentagem um pouco maior (84%) uniu pessoas do mesmo grupo étnico (Anexo 7/Tabelas 2 e 3).

Em que se pese a grande mobilidade espacial em solo paulista, durante o tempo em que as famílias permaneciam na fazenda, era ali que majoritariamente as pessoas buscavam seus parceiros conjugais, até mesmo no interior da própria colônia em que habitavam. Pois as oportunidades de encontrar pessoas de fora se restringiam quase que só às ocasiões de festas e atividades religiosas, que se realizavam de modo geral na sede da própria fazenda, nas fazendas próximas ou nos arredores das capelas de vilas e cidades vizinhas.

De todo modo, frequentar os rituais religiosos na capela da fazenda Santa Gertrudes, as festas ou as feiras locais aproximava as pessoas, o que podia resultar em casamento.

A organização do espaço e do trabalho na fazenda, somada ao hábito dos fazendeiros em alocar patrícios e parentes em uma mesma colônia, ajudava a estreitar as relações entre eles. Esse contexto e mais o peso da interferência da família contribuíam para que a escolha do parceiro conjugal se desse entre iguais, dentro do mesmo grupo étnico.

Na fazenda Santa Gertrudes, uma parcela dos casamentos entre os trabalhadores estrangeiros, principalmente italianos e espanhóis, ocorreu entre pessoas provenientes do mesmo local na terra de origem, pessoas que haviam emigrado juntas ou que haviam seguido logo depois os passos de famílias que viajaram antes.

> *Nas terras da Santa Gertrudes, viveram e trabalharam por algum tempo os irmãos Giovanne e Amabile Arnosti, nascidos em Treviso, Itália, e casados em 1914, respectivamente com Emilia Pugliese e Giuseppe Denardi também nascidos em Treviso. Todos eles faziam parte de famílias colonas moradoras da Colônia Santo Antonio.*

> *Jose Romero e Ana Batista Gouvea, ambos espanhóis naturais de Granada, casaram-se em 1907, quando suas famílias trabalhavam na fazenda.*

Várias outras uniões conjugais entre pessoas oriundas de um mesmo local, como essas citadas e as que abrem este capítulo, foram detectadas na documentação relativa aos trabalhadores da fazenda (Figuras 23 a 28). É muito provável que, além dos casos passíveis de comprovação, muitos outros semelhantes tenham ocorrido (mas não foram constatados porque nos documentos produzidos no Brasil, na maioria das vezes, anotavam-se apenas o país de origem do imigrante e, com raríssimas exceções, a localidade ou região).

Não raro, duas ou mais famílias casavam seus filhos entre si, estabelecendo laços fortes entre elas ou reforçando vínculos preexistentes de parentesco, compadrio ou amizade, estabelecidos antes ou depois da chegada ao Brasil.

> *Domenico Buoro e sua mulher Maria Brescia, de Treviso, chegaram ao Brasil em 1896 ou 1897, com cinco filhos pequenos. Em terras paulistas, tiveram pelo menos mais quatro bebês. Os nove filhos sobreviveram à idade do casamento. Três deles se casaram com filhos de Antonio e Angela Pin, também naturais de Treviso. Quatro se uniram a pessoas naturais de Rovigo ou Treviso. E apenas um fugiu à regra, pois se casou com uma filha de espanhóis, chamada Cristina Miranda. (Figura 26)*

> *Ferdinando Zoppi e Anna Venturi, italianos, casaram cinco filhos no Brasil, pelo que se tem notícia. Três deles, com cônjuges italianos ou filhos de italianos. Dois, um filho e uma filha, quebraram a regra de endogamia étnica e uniram-se em matrimônio respectivamente com uma filha e um filho do casal português, José Ferreira e Vitorina de Jesus, criando uma nova rede de relações com imigrantes de outra origem nacional. (Figura 27)*

O mercado matrimonial (volume de homens e mulheres aptos e disponíveis ao casamento e propensos a serem escolhidos como cônjuge em determinado local e momento) que marcou o comportamento da nupcialidade (a intensidade e a idade com que as pessoas se casam e como se dão as escolhas matrimoniais) entre os trabalhadores do café apresentou algumas características semelhantes às das áreas de colonização do Sul do Brasil. Nestas, onde imigrantes se instalaram como pequenos proprietários rurais com poucos contatos com o mundo exterior, em "virtude dos mecanismos de solidariedade grupal, intensificada em torno de seus valores culturais, as populações imigradas [italianas] e seus descendentes realizaram, de preferência, uniões endogâmicas" (Balhana, 1977: 121-22). Também entre os ucranianos estabelecidos no estado do Paraná, a endogamia era predominante e, nela, tinha papel importante a interferência dos pais dos noivos e do padre da comunidade. Além disso, havia um consenso de que o casamento interétnico não seria bem aceito na comunidade. Em resumo, o mercado matrimonial era bastante restrito e a tendência à endogamia matrimonial era favorecida pelos respectivos contextos e bagagens culturais (Andreazza, 1999).

Contudo, na cafeicultura paulista, a mobilidade espacial era muito maior que nas áreas sulinas de pequena propriedade e a proximidade espacial entre os trabalhadores de origens diversas, em uma mesma fazenda e em uma mesma colônia, contribuía para que a regra da endogamia por etnia fosse quebrada mais vezes que nas áreas de colonização do Sul do Brasil.

*Em 29 de dezembro de 1906, Michele di Vicenzo italia-
no casou-se com Lucinda Monteiro Vilanova portuguesa;
em 08 de outubro de 1910, Francisco Romeiro, espanhol,
uniu-se em casamento com Giovanna Pavan italiana; em
08 de setembro de 1917, Antonio Cruz de Oliveira, português, esposou Maria Calderon, italiana. Todos eram colonos da fazenda Santa Gertrudes.*

No período em que viviam e trabalhavam nessa fazenda, poucos homens e poucas mulheres encontraram
parceiros fora dos limites da propriedade. Os parceiros
"vindos de fora" provinham, em geral, das propriedades vizinhas bem próximas ou de outra propriedade
onde eventualmente ambos os noivos haviam morado
e se conhecido. Ou acabavam sendo alguém da terra
de origem comum ou um conhecido do navio ou da
Hospedaria na época da imigração.

*Albino Codo passara sua infância na fazenda Santa
Gertrudes onde seus pais, Santo Codo e Ludovica Picelli,
eram colonos. Em 1929, aos 22 anos estava trabalhando
na Fazenda Itaúna, mas foi entre as moradoras da fazenda Santa Gertrudes que buscou sua esposa. O mesmo
aconteceu com Pietro Bresotti, que morava na fazenda
Goiapa e retornou ao seu antigo local de trabalho, a Santa
Gertrudes, para buscar sua noiva Luiza.*

Um caso interessante que ilustra, ao mesmo tempo,
a mobilidade espacial dos colonos do café e a endogamia étnica e por local de residência é o do casal italiano
Antonio Albertone e Constantina Trevisan, cujos filhos se
casaram com pessoas de origem italiana, moradoras da
mesma fazenda onde essa família morava na época em
que ocorreram os respectivos matrimônios (Figura 28).

O primeiro filho a casar de que se tem notícia foi Caetano, nascido na Itália. Na época em que se casou, era colono na fazenda Santo Antonio onde também trabalhava sua noiva brasileira filha de italianos. O segundo filho de Antonio e Constantina, também italiano, casou-se em 1918, época em que trabalhava com sua família na fazenda Santa Gertrudes, com uma colona italiana dessa mesma fazenda. A terceira filha do casal, nascida no Brasil, uniu-se em matrimônio com um brasileiro filho de italianos em 1930, ano em que os cônjuges e suas famílias eram colonas da fazenda São Bento. (Figura 28)

Terminado o ano agrícola, várias famílias abandonavam a fazenda Santa Gertrudes (em conjunto ou em anos diferentes), seguindo um mesmo rumo, como aquelas que se instalaram no núcleo urbano do município de Rio Claro em determinados bairros. No bairro rio-clarense de Santa Cruz, por exemplo, elas se dedicaram ao comércio, a ofícios diversos ou à lavoura de subsistência em sítios ou chácaras das redondezas. Santa Cruz caracterizou-se, então, como um bairro essencialmente italiano, onde os padres estigmatinos, os mesmos que prestavam serviços religiosos na fazenda Santa Gertrudes, construíram uma igreja e uma escola para crianças imigrantes ou filhas de imigrantes nascidas no Brasil e, posteriormente, também um seminário. Assim, habitando nesse bairro, ex-trabalhadores da fazenda Santa Gertrudes continuavam participando de antigas redes de parentesco e amizade, ao mesmo tempo que estabeleciam novas relações, pois, ali, as oportunidades de encontro de parceiros e de escolhas matrimoniais eram mais amplas que no mundo da fazenda.

O rumo tomado pelas famílias que saíam da fazenda Santa Gertrudes refletia-se nas escolhas matrimoniais futuras no seio dessas famílias. Dependendo do destino, a mobilidade espacial podia tanto dar continuidade às antigas redes de relacionamento, como rompê-las ou resgatá-las apenas muito depois. Assim, essa mobilidade podia abrir ou restringir as oportunidades de casamentos entre aqueles que um dia trabalharam juntos na Santa Gertrudes.

Figura 23
Genealogias

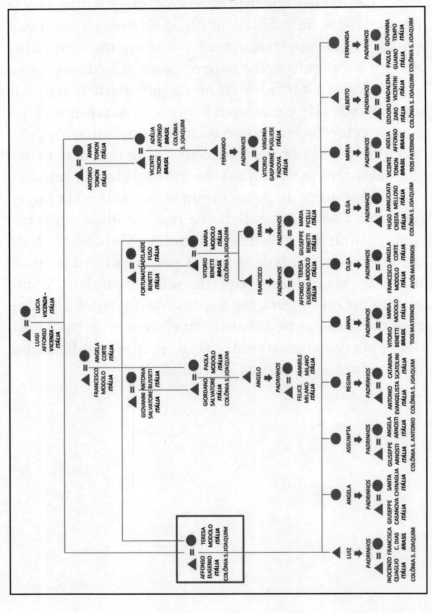

Figura 24
Genealogias

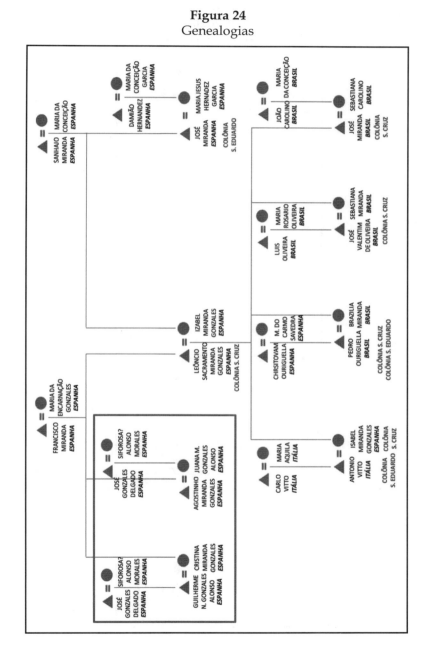

183 | Casamentos

Figura 25
Genealogias

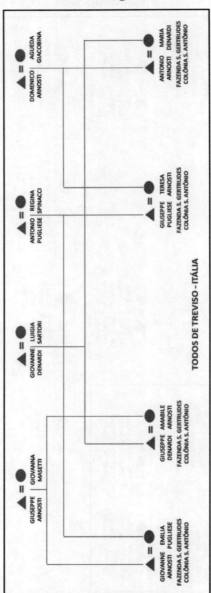

Figura 26
Genealogias

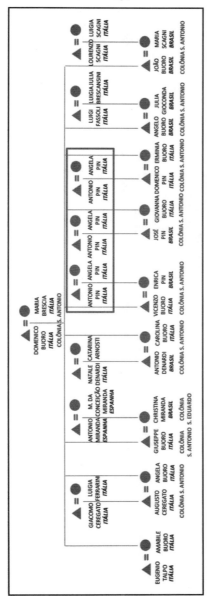

Figura 27
Genealogias

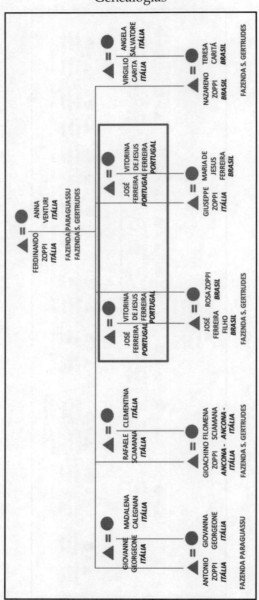

Figura 28
Genealogias

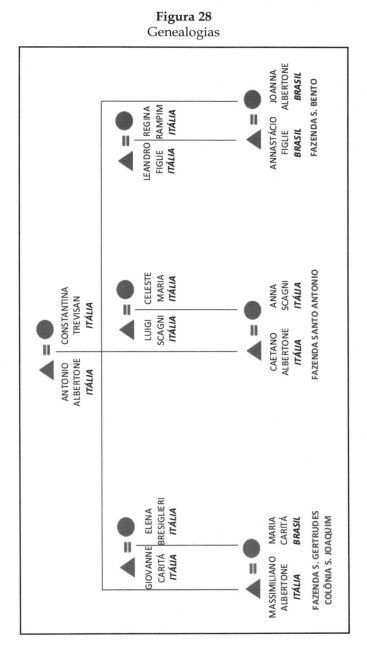

Sobre as escolhas matrimoniais, resta salientar que os imigrantes ou seus filhos, trabalhando sob o regime de colonato ou em alguma outra atividade assalariada na fazenda, não possuíam patrimônio, portanto, entre eles, não havia a necessidade (nem a preocupação) de preservar patrimônio. Por isso, a função social do casamento era unir duas "capacidades de trabalho" – tanto o homem quanto a mulher deveriam ser muito trabalhadores, saudáveis, fisicamente fortes, bem dispostos e esforçados. Assim, o ideal era um homem capaz de labutar de sol a sol no cafezal, na roça de subsistência ou em qualquer outra atividade casar-se com uma mulher prendada, trabalhadeira, econômica, capaz de dar conta de todas as tarefas domésticas (cuidar dos filhos, costurar, lavar e cozinhar), da roça, da horta, da criação (que incluía "lidar com o porco", saber fazer linguiça, banha e sabão, além de conservar carne) e ainda ajudar no trabalho do cafezal. Era um valor, portanto, escolher o parceiro matrimonial entre gente de "boa família", o que significava gente que sabidamente trabalhava para aproveitar as oportunidades oferecidas pela vida da fazenda e que era saudável. Daí a preferência por cônjuge pertencente a um grupo familiar conhecido, melhor ainda se houvesse entre as famílias dos noivos algum vínculo de amizade e solidariedade. Logo, o controle e as pressões do grupo familiar contribuíam para intensificar as uniões entre conhecidos. Resistir às pressões certamente gerava tensão.

Maistrello (1923), ao observar os costumes dos colonos da fazenda Amália quanto às escolhas matrimoniais, apontou aspectos semelhantes aos encontrados na fazenda Santa Gertrudes, como o fato de a proximidade das casas dos colonos facilitar casamentos entre vizinhos. Segundo ele, "não só entre patrícios, que são os mais comuns, mas também entre pessoas de nacionalidades diversas" (Maistrello, 1923: 554). A narrativa de um episódio sobre a união de uma filha de imigrante com um trabalhador nacional "de cor" revela um pouco das tensões surgidas com tal quebra de padrões, mas também deixa claros valores e preconceitos do próprio narrador.

> Um dia me apareceu um colono italiano pedindo a minha intervenção para prohibir o casamento de uma sua filha com um preto. Por curiosidade, mandei vir a moça à minha presença, que bonita, loira e um tanto desembaraçada, me declarou que o preto era do seu gosto e casaria com ele, mesmo contra a vontade de todos. E de facto casou. Vim a saber depois, que o preto era um exímio tocador de sanfonas e decerto as valsas sentimentais concorreram para ferir fortemente o coração da loirinha, que afinal viu no preto, um branco. (Maistrello, 1923: 554-55)

Na visão desse administrador, os nacionais tratariam melhor suas esposas descendentes de estrangeiros que seus conterrâneos imigrantes, mas essa observação particular não pôde ser comprovada por nenhuma outra fonte.

> Além disso, o nacional tem o hábito delicado de chamar sua companheira de *senhora*, e a vizinha de *dona*, que para uma filha de trabalhadores da roça, os qualificativos *senhora* e *dona* – representam um grau mais elevado na escala social... (Maistrello, 1923: 554)

Trocando em números, o que se observa é que metade dos casamentos analisados uniu italianos natos, filhos brasileiros de italianos com filhas brasileiras de italianos,[27] homens italianos com filhas brasileiras de italianos e mulheres italianas com filhos brasileiros de italianos. Embora em menor proporção, os noivos das demais origens estrangeiras presentes na fazenda e os nativos brancos, pardos e negros seguiram tendência muito parecida com a dos italianos. Dessa forma, a grande maioria dos cônjuges pode ser classificada como de "origem italiana", "origem espanhola", "origem portuguesa", "origem luso-brasileira". Portanto, a homogamia étnica predominava entre eles.

Como no mercado de casamento havia mais homens disponíveis, eram as mulheres que tinham mais oportunidades de se casar dentro de seu próprio grupo étnico. Mesmo assim, algumas poucas preferiram unir-se a homens de outras nacionalidades.

Entre os noivos, como era de se esperar, predominavam os italianos e seus descendentes; os homens estrangeiros e os brasileiros seus descendentes foram mais de 80% dos noivos, já as mulheres no conjunto dessas categorias foram 74% das noivas, o que também demonstra a pouca representatividade de brasileiros descendentes de nativos nas terras da Santa Gertrudes (Anexo 7/Tabela 3).

---

[27] Em virtude da norma do *jus solis*, pessoas nascidas em terras brasileiras eram consideradas brasileiras, a não ser que se manifestassem em contrário.

A IDADE AO CASAR

Ao se casarem, os trabalhadores da Santa Gertrudes também seguiam o padrão encontrado nas sociedades em geral de o homem se casar "para baixo", isto é, com mulher mais jovem que ele.

Os casais de noivos da fazenda eram mais jovens que os noivos do núcleo urbano de Rio Claro. O mais comum na fazenda Santa Gertrudes era a mulher se casar entre 18 e 20 anos e o homem entre 21 e 24 anos, ou seja, as mulheres se casavam com 19,7 anos em média e os homens aos 23,2 anos em média. No núcleo urbano de Rio Claro, na mesma época, a idade média ao casar das mulheres era de 20,5 anos e a dos homens 24,9 anos (Bassanezi, 1990). Por sua vez, o recasamento na fazenda ocorria aos 39 anos em média para os homens e aos 33 anos em média para as mulheres, o que significa que haviam enviuvado precocemente.

Na fazenda, quanto à idade ao casar, a maioria dos trabalhadores imigrantes ou descendentes também não seguia os padrões vigentes nas sociedades europeias de onde se originaram. No Vêneto (Itália), em 1881, as idades ao casar eram 24,6 anos em média para as mulheres e 28,3 anos para os homens; e em 1901, respectivamente 24,7 anos para as mulheres e 27,5 anos para os homens. No Minho (Portugal), na segunda metade do século XIX, as idades ao casar eram ainda mais elevadas: 27,0 anos para as mulheres e 29,1 anos para os homens. No mesmo período, na Espanha, as idades na Andaluzia eram 23,4 anos para as mulheres e 27,4 para os homens, e na Galícia 26,1 anos para as mulheres e 29,6 anos para os homens (Rettaroli, 1990; Rowland, 1986).

Em 28 de outubro de 1899, às 12 horas no Paço Municipal da cidade de Rio Claro, uniram-se em matrimônio Eugenio Bernardo (filho de Luigi Bernardo e Luigia Favaro, italiano, solteiro, com 22 de idade, católico, colono da fazenda Santa Gertrudes) e Emma Rosa (filha de Palmiro Trambaioli e Irene Bonfatti, italiana com 19 anos de idade, católica, também colona da fazenda Santa Gertrudes). Tiveram como testemunhas do casamento Giacomo Antonio Gasparino (de 27 anos de idade, lavrador no distrito de Rio Claro) e Domingos Franchim (de 23 anos de idade, lavrador nesse mesmo distrito). Como os noivos não sabiam ler nem escrever, Luiz Trambaioli e Baptista Luchiaro assinaram a rogo o documento por eles.

Adiar a idade ao casar, portanto, não foi uma prática comum no universo da fazenda. Não havendo patrimônio familiar a preservar, o casamento na fazenda buscava tão somente unir forças de trabalho e fortalecer laços. Logo, não seria necessário retardá-lo.

ASSINAR OU SOLICITAR ASSINATURA "A ROGO"

O nível de instrução dos cônjuges na fazenda era baixo comparado com os moradores das áreas urbanas. A existência da assinatura dos nubentes nos registros de casamento indica, *grosso modo*, quais e quantos cônjuges eram os alfabetizados ou pelo menos sabiam garatujar seu nome. Porém, não se pode descartar que várias das assinaturas eram feitas por pessoas que trabalhavam na roça e que, portanto, tinham mais dificuldade de executar movimentos finos para uma caligrafia mais elaborada, mesmo tendo um grau melhor de escolaridade. A assinatura "a rogo", por sua vez, mostra quais e quantos eram os cônjuges analfabetos.

> *Aos 18 dias de novembro de 1905, em Rio Claro às 11 horas, Miguel Romero Rodas, filho de João Romero Guitan e Maria Rua Hinocasa, solteiro com 20 anos de idade, nascido em Málaga, Espanha, católico, colono da fazenda Santa Gertrudes recebeu em matrimônio Maria Victoria Martin Rodrigues, filha de Fabiano Martin Peres e Maria Gertrudes Rodrigues Moreno, espanhola de Granada, com 16 anos de idade, solteira, católica e colona da fazenda Santa Gertrudes. Tiveram como testemunhas Manoel dos Santos de 19 anos, lavrador nesse distrito e Lorenzo Guaziani de 18 anos de idade, lavrador nesse distrito. O noivo assinou o registro, mas a noiva, analfabeta, pediu a Julio Caritá que assinasse a rogo por ela.*

> *No cartório do Registro Civil de Rio Claro, casaram-se em 21 de julho de 1906, às 13h30, Antonio Gonçalves e Maria da Glória. Ele era nascido em Beira Alta, Portugal, filho de José Gonçalves e Anna [ilegível] com 28 anos de idade, solteiro, católico, colono da Fazenda Santa Gertrudes. Ela era filha de Manoel Martins Botelho e Maria dos Santos, nascida na Ilha de São Miguel, Açores, Portugal, solteira com 18 anos de idade, católica. Foram testemunhas dessa união Guilherme Berg, de 25 anos, lavrador e Daniel Gonçalves trabalhador nesse distrito. O noivo assinou a ata de casamento, mas a noiva teve assinatura a rogo de João Martins.*

Somente em 13% dos casamentos analisados, ambos os noivos assinaram a ata de casamento e, em 42%, os dois cônjuges tiveram em seus registros de casamento assinaturas "a rogo".

De acordo com as pistas dadas pelos registros de casamento, havia muito mais mulheres analfabetas que homens, o que evidencia a menor atenção dada à instrução de mulheres nas sociedades agrárias do passado, tanto a brasileira como a europeia. É preciso lembrar também que a corrente imigratória para o café arrebanhou os mais pobres, os que nos países de origem viviam em condições miseráveis e que só puderam emigrar graças aos subsídios do governo brasileiro; e que, entre os trabalhadores do café, mais do que um cônjuge alfabetizado, era valorizada sua capacidade de trabalho.

QUANDO CASAR

O ritmo sazonal dos casamentos revela claramente a adesão das pessoas às normas impostas pela sociedade, que impedem ou estimulam que casamentos se realizem nesse ou naquele período do ano. Tais impedimentos ou estímulos variam de época para época, de região para região e entre diferentes categorias sociais. Em outros termos, a sazonalidade das uniões conjugais reflete costumes, tradições, normas religiosas, atividades econômicas. No mundo da fazenda Santa Gertrudes não era diferente.

A época de casar na fazenda refletia a natureza sazonal do trabalho na cafeicultura e também era influenciada pelo calendário litúrgico.

O dia preferido para o casamento na fazenda era sábado. Aos sábados, o volume de trabalho era menor e a jornada terminava mais cedo. Além disso, o cartório do núcleo urbano ficava aberto e as festas, quando aconteciam, podiam durar mais tempo, pois o dia seguinte, domingo, era de descanso. A maioria dos casamentos no civil era realizada no período da manhã e antes do final da tarde, no máximo até às 16h30. Os trabalhadores do café casavam-se mais nos meses de setembro, outubro e novembro. Esses meses coincidiam com o fim da colheita no cafezal, portanto, com o encerramento do ano agrícola, momento de quase recesso do trabalho. Era também o tempo de acertar as contas com o fazendeiro e, se possível, arcar com os gastos necessários à formação de uma nova família. Conforme a safra, a colheita poderia se iniciar mais cedo ou mais tarde, encurtar-se ou alongar-se, o que refletia também no momento escolhido para o casamento (Anexo 8/Gráfico 1).

Um volume razoável de casamentos ocorria em maio e a hipótese aventada é que as primeiras semanas desse mês representavam um período de recesso entre o final da colheita da lavoura de subsistência (milho e feijão) e o início de um período de maior intensidade de trabalho na cafeicultura. Muitos homens preferiam se casar em maio para poder contar, inclusive, com a ajuda da mulher nesse período de trabalho exaustivo no cafezal. Por outro lado, é possível que maio estivesse compensando o "tempo proibido" da Quaresma, quando casamentos eram evitados ou, o menos provável, de estar se iniciando a tradição do "maio, mês das noivas".

Entre junho e agosto, o volume de casamento declinava, pois era época de colheita e a unidade familiar procurava intensificar ao máximo sua capacidade de trabalho em conjunto, deixando os casamentos de seus filhos para mais tarde. Contudo, havia mais casamentos em junho que em julho e agosto, pois era o mês das festas juninas em comemoração aos santos católicos Antônio, João e Pedro. É possível, então, que muitos noivos aproveitassem esse momento de festas na fazenda para se casarem.

A queda abrupta de casamentos no mês de agosto também pode estar ligada às superstições populares com relação a esse mês ou, ainda, à preservação de um costume trazido da Europa, onde no mês agosto, por ser um período de muito trabalho no campo, não havia muitos casamentos (como demonstram Cardoso e Nadalin, 1982).

Como em toda a cristandade, a sazonalidade dos casamentos entre os trabalhadores do café também estava ligada ao calendário religioso, pois se evitava o sacramento do matrimônio no período da Quaresma e, para compensar esse intervalo, buscava-se casar em fevereiro ou no final de abril e início de maio.

Já o Advento, também considerado "tempo proibido" na tradição católica, não era observado na fazenda com o mesmo rigor que em outras áreas. Nesse tempo, e também em janeiro, os matrimônios diminuíam mais em função do trabalho necessário dedicado à cultura de subsistência praticada pelas famílias e porque, para alguns, era o momento de buscar novas paragens.

NA CONTRAMÃO DAS POPULAÇÕES TRADICIONAIS BRASILEIRAS

Ao contrário do que ocorria nas populações tradicionais brasileiras, que apresentavam uma alta frequência de celibato definitivo, de uniões consensuais e de ilegitimidade, na fazenda o casamento formal era incentivado pelas famílias. Os imigrantes, inclusive, traziam de suas terras como um valor a prática de casamentos formalizados. Isso ocorria de modo especial entre os vênetos, que eram em geral muito católicos e obedientes ao clero e não viam com bons olhos as uniões consensuais.

A documentação revela que, na fazenda Santa Gertrudes, foram muito poucos os óbitos relativos a pessoas solteiras com 50 anos ou mais, idade a partir da qual se caracteriza o celibato definitivo. Eles não chegaram aos dois dígitos e, entre esses, os homens somaram mais que as mulheres. Dos óbitos de pessoas entre 30 e 49 anos, apenas um caso era de pessoa solteira. No conjunto de cerca de 2 mil batizados realizados na capela da fazenda Santa Gertrudes, entre 1899 e 1930, aparecem apenas duas crianças filhas de mães luso-brasileiras que foram registradas como "naturais", ou seja, nascidas fora de uma união conjugal legitimada.

Portanto, pode-se concluir que, entre os trabalhadores da Santa Gertrudes, o celibato definitivo era raro, principalmente o feminino, e quase não havia uniões consensuais ou filhos ilegítimos.

Gerar, nomear e batizar filhos

Eugenio Affonso e Teresa Modolo casaram-se em 22 de dezembro de 1906. Nos dezessete anos seguintes, geraram dez filhos – dois homens e oito mulheres – na fazenda Santa Gertrudes.

O primeiro, Luiz, que recebeu o nome do avô paterno, nasceu em seis de março de 1908 e teve como padrinhos Inocencio Quaglio e sua mulher. Inocencio tinha sido testemunha do casamento de Eugenio e Teresa. Em 12 de junho de 1909, Teresa deu à luz a Angela, que recebeu o nome da avó materna e foi batizada pelo casal José Casanova e Santa Chinaglia. Depois, nasceram Assunta, em onze de fevereiro de 1911, Regina, em 24 de junho de 1912, Anna, em 20 de novembro de 1913, Olga, em 14 de junho de 1915. Aos nove meses de idade, Olga faleceu, e seu nome, Olga, foi dado à irmã que veio ao mundo em 15 de janeiro de 1917. Em 06 de setembro de 1918, nasceu Maria. Em 09 de junho de 1922, nasceu Alberto que faleceria 20 meses depois. A caçula de Eugenio e Teresa, nascida em 13 de outubro de 1923, ganhou o nome de Fernanda.

Todas as crianças foram batizadas. A primeira Olga teve como padrinhos seus avós maternos, Francisco Modolo e Angela Corte. Anna era afilhada de sua tia materna Maria Modolo e seu marido Vitorio Benetti. Sua irmã Maria era afilhada de uma tia paterna Adélia Affonso e de seu marido Vicente Tonon. Os demais filhos de Eugenio e Teresa também foram batizados por casais de origem italiana. Todos os padrinhos das crianças eram moradores da colônia São Joaquim, onde também habitavam Eugenio, Teresa e sua prole (Figura 23).

Eugenio e Teresa, por sua vez, apadrinharam seis crianças que vieram ao mundo na fazenda Santa Gertrudes: Antonia, nascida em 26 de novembro de 1906, filha de Giovanne Affonso, provavelmente parente de Eugenio, e sua mulher Nazarena Nunes; Eugenio, nascido em 01 de março de 1911, que recebeu o nome do padrinho, filho de Virgilio Caritá e Angela Salvatore; Angelo, nascido em 22 de setembro de 1911, filho de Pietro Berthie e Albina Evangelista; Francisco, nascido em 14 de dezembro de 1913, filho Maria Modolo, irmã de Teresa, e Vitorio Benetti; Angelo, nascido em 06 de outubro de 1923, filho de Hermenegildo Carita e Albina Nhan; e a menina Teresa, que recebeu o nome da madrinha e era filha de Paolo Guaino e Giovanna Tempo, os padrinhos de Fernanda, a caçula de Eugenio e Teresa.

Centenas de crianças nasceram do ventre de mulheres moradoras da fazenda Santa Gertrudes. Elas vieram ao mundo pelas mãos de outras mulheres, parteiras com alguma prática ou auxiliares improvisadas. Vários bebês, como já comentado, viram a luz pela primeira vez na carroça que conduzia a mãe do cafezal para casa na colônia. Outros tantos nasceram à sombra de um pé de café, quando a grávida estava na lida e, sem tempo hábil para chegar até sua casa, acabava parindo ali mesmo. Então, o cordão umbilical era cortado com alguma tesoura não esterilizada, por vezes enferrujada. Houve crianças e mães com melhor sorte: os partos puderam ocorrer em suas humildes casas, em condições um pouco melhores de higiene e conforto.

O livro de Registros de Batismo da capela da Santa Gertrudes ajuda a contar um pouco sobre os nascimentos ocorridos na fazenda entre 1899 e 1930. Além da data do batismo, da data do nascimento e do nome da criança batizada, o livro de Registros de Batismo guardava o nome dos pais, dos padrinhos e do celebrante do batizado. Os pais das crianças batizadas na capela da fazenda Santa Gertrudes eram em geral trabalhadores dessa propriedade. Contudo, alguns poucos pais moradores em fazendas e vilas vizinhas conseguiram batizar seus filhos nela.

> *Arnaldo Berthié e Adelia Toso, italianos, casados em 1901, batizaram na capela da fazenda Santa Gertrudes sete filhos: Maria nascida em 1902; Gilda nascida em 1905; Angelo Antonio nascido em 1906; Luísa nascida em 1907; Luis, nascido em 1910; Vitória, nascida em 1913; Francisco nascido em 1916. Eles foram apadrinhados respectivamente por Gabe Toso e Maria Calisso, Batista Toso e Vitorina Berthie,*

Francisco Giongo e Angela Scagni, Giovanni e Luisa Georgetti, Luis Berthié e Rosa Ardoim, Lourenço Carvalho e Vitória Sandini, Pedro Furlan e Augusta Zanetti.

José Romeiro e Ana Batista Gouvea, ambos espanhóis de Granada, casados em 1907, batizaram na capela da fazenda Santa Gertrudes três filhos: Vitória, nascida em 1909, que teve como padrinhos André Sanches e Vitória Campos; Maria nascida em 1910, apadrinhada por Antonio Arthur e Isabel Arthur; e Antonio nascido em 1912 afilhado de Antonio Arthur e Dolores Alonso. Todos os padrinhos escolhidos por José e Ana eram de origem espanhola.

O TEMPO DE NASCER

A maioria das mulheres da fazenda Santa Gertrudes dava à luz seu primeiro filho antes de completar um ano e meio de convívio conjugal. Tornavam-se mães pela primeira vez por volta dos 20 anos de idade.

Quanto mais jovens as mulheres se casavam, mais se ampliava o tempo em que podiam gerar filhos, dado que a possibilidade de a mulher engravidar ocorre entre seus 15 e 49 anos de idade (espaço de tempo que os especialistas da saúde e demógrafos chamam de "período reprodutivo da mulher").

A ausência de um controle deliberado da natalidade levava uma boa parte das mulheres a dar à luz seguidamente, gerando um número grande de filhos. Várias delas, inclusive, chegaram a dar à luz quando seus primeiros filhos estavam em idade de se casar ou já casados. A colona Angela Buoro é um bom exemplo, pois continuou gerando filhos até uma idade elevada do seu período reprodutivo.

Angela Buoro, italiana nascida em Treviso, casou-se em 31 de outubro de 1903 com Augusto Ceregato também italiano, mas de Rovigo. Não se sabe a idade com que eles se casaram, mas sabe-se que, entre 1905 e 1926, o casal teve 14 filhos que foram batizados na capela da fazenda Santa Gertrudes. Nem todos sobreviveram à idade adulta.

O último filho de Angela batizado na fazenda em 1926 nasceu quando a filha mais velha, se não tivesse morrido aos sete meses de idade, estaria completando 20 anos de idade e entrando no mercado de casamento (Quadro 5).

Quadro 5
Filhos de Angela Buoro e Augusto Ceregato.
Fazenda Santa Gertrudes

Nome do(a) filho(a)	Data	
	Nascimento	Batismo
Carolina Luiza	22/10/1905	19/11/1905
Vitorio	7/9/1906	30/9/1906
Antonio	12/1/1908	1º/2/1908
Adelia	7/1/1909	7/2/1909
Antonio	16/3/1911	19/3/1911
Herminia	27/8/1912	1º/9/1912
Eugenio	12/8/1913	7/9/1913
Maria Lucia	3/12/1914	17/1/1915
Assunta	1º/6/1916	11/6/1916
Eugenio	28/4/1918	12/5/1918
Pascoa	3/4/1920	25/4/1920
Luiza	15/12/1921	1º/1/1922
João	7/3/1924	23/3/1924
Giacomo	9/1/1926	31/1/1926

Fonte: Fazenda Santa Gertrudes, Livro de Batismo (1899-1930).

Nas primeiras gestações, o espaçamento entre os nascimentos dos filhos costumava ser por volta de dois anos ou pouco menos. Esse intervalo, porém, se ampliava à medida que as mulheres avançavam na idade, como rege a natureza feminina em geral.

Casamentos precoces, adicionados ao baixo celibato definitivo feminino e à ausência de um controle deliberado dos nascimentos, certamente repercutiam no padrão de natalidade e fecundidade entre os colonos. Contudo, a grande mobilidade das famílias impede que se conheça com rigor, ao longo do tempo, a trajetória da população que em certo momento viveu na fazenda. É difícil acompanhar as mulheres e suas famílias, saber o número total delas e quantas tinham de 15 a 49 anos. Também não há como saber o número de filhos nascidos vivos do ventre dessas mulheres e, em consequência, conhecer a taxa de natalidade e a taxa de fecundidade do grupo. Cálculos indiretos, mediante algumas suposições, realizados por Hakkert (1986) apontaram que a taxa de fecundidade total das mulheres italianas na fazenda Santa Gertrudes era de 7,1 filhos nascidos vivos em média por mulheres entre 15 e 49 anos, o que o levou a concluir que:

> [...] de modo geral a fecundidade prévia dos imigrantes para esta área parece ser algo maior que os níveis típicos de fecundidade no Brasil da época. O fato de a fecundidade trazida pelos imigrantes também ter sido mais elevada do que para os padrões típicos de seus países de origem reforça a ideia de que a migração provavelmente ocorria de forma seletiva. (Harkket, 1986: 18)

Crianças nasciam durante todos os meses do ano na fazenda. Porém, alguns meses concentravam um número ligeiramente maior de nascimentos: junho, julho, agosto e novembro. Aquelas nascidas em junho, julho e agosto teriam sido geradas após o final da colheita, um período de certo recesso, de maior tranquilidade no trabalho, provavelmente de maior libido. As nascidas no mês de janeiro, por sua vez, teriam sido geradas após o período quaresmal, e as nascidas em novembro, em um momento de trabalho menos intenso que em tempos de colheita, e anterior à Quaresma.

Em outras palavras, o menor número de concepções, por outro lado, ocorreria em momentos de trabalho mais árduo e de respeito ao tempo religioso, como na Quaresma. No entanto, tais considerações permanecem ainda no campo das hipóteses explicativas e estão a merecer estudos mais aprofundados (Anexo 8/ Gráfico 2).

O NOME ESCOLHIDO NA PIA BATISMAL

As pessoas nascem e precisam de um nome[28] para identificá-las. Nomear, com raríssimas exceções, é uma prática que embute uma série de fatores socioculturais, religiosos, étnicos, afetivos, subjetivos, além de marcar identidade nacional, geracional e de gênero. "O ato de nomear acontece para alcançar um objetivo e é determinado por conhecimentos, por avaliações e motivações,

---

[28] Nome aqui é sinônimo de prenome ou nome de batismo e sobrenome refere-se ao nome de família.

que são condicionadas pela sociedade, como um todo, e pelo grupo social" (Scarpim, 2010: 110).

Na fazenda Santa Gertrudes, nasceram centenas de crianças que receberam nomes variados. Levantar, conhecer e classificar os nomes dados às crianças, filhas de trabalhadores dessa fazenda entre 1890 e 1930, demandaram um trabalho sistemático e exaustivo, que incluiu o cruzamento nominativo dos registros de batismo entre si, deles com o conjunto de atas de casamento civil de pais e parentes próximos dessas crianças, além de outros documentos produzidos pela fazenda.[29] Dessa forma, foi possível chegar mais próximo às motivações por trás da escolha dos nomes das crianças.

Através desse cruzamento nominativo foi possível também identificar a nacionalidade estrangeira de uma parcela dos pais. Outros só puderam ser classificados em virtude dos sobrenomes que levavam, como "de origem estrangeira", pois não havia nenhuma indicação se seus portadores eram de fato estrangeiros ou filhos de estrangeiros nascidos no Brasil. Aqueles que em virtude de possuírem sobrenomes que podiam ser tanto de origem luso-brasileira ou espanhola foram contados na categoria "outros", assim como uns poucos de difícil identificação[30] (Anexo 7/ Tabela 4).

---

[29] Esse cruzamento permitiu identificar também as crianças irmãs, batizadas na fazenda, e ainda 21 crianças que não foram batizadas na capela da fazenda, mas ali viviam, elevando para 2.081 nomes de crianças aqui analisados.

[30] Embora nesse período analisado, Primeira República, a transmissão dos nomes de família de luso-brasileiros seguisse regras mais definidas que no período colonial – quando além de não possuir uma norma determinada, muitas vezes o sobrenome era ausente, principalmente entre as mulheres –, essa herança colonial ainda estava presente em uns poucos casos entre os analisados.

O peso da herança cultural italiana na escolha dos nomes dos recém-nascidos na Santa Gertrudes era grande, ou seja, não havia intenção de obscurecer as origens familiares, pelo contrário. Contudo, embora predominasse a comunidade de cultura italiana, o contexto multiétnico da fazenda favoreceu um leque de nomes mais diversificado, tanto entre meninos como entre meninas, do que o encontrado em outros locais e períodos, como os analisados por Scarpim (2010) e Camilo (2011).

Do universo das crianças batizadas na fazenda, 1.053 eram meninos e 1.028 meninas. Seus nomes compuseram uma lista com 541 variações (261 nomes masculinos e 280 nomes femininos).

Na documentação analisada, os nomes estrangeiros na sua grande maioria e também muitos sobrenomes foram grafados de forma "aportuguesada", sendo seu portador imigrante ou filho de imigrante nascido no Brasil, mesmo que esse, no seio da família, fosse identificado pelo nome conforme grafado e pronunciado na língua estrangeira. Assim, nomes como Giuseppe, Luigi, Pietro, Giovanni ou Juan foram escritos nos documentos como José, Luiz, Pedro e João (para os dois últimos nomes),[31] respectivamente.

---

[31] Será que essa prática de "aportuguesar" os nomes fazia parte de alguma recomendação oficial, de um esforço para a integração dos imigrantes? É possível que sim, pois o recém-instalado governo republicano (1889) decretou uma série de medidas visando à integração dos imigrantes ao território nacional que desembocaram no que passou a ser conhecida como a "grande naturalização". Scarpim (2010) levanta a hipótese de que os nomes dos imigrantes e de seus descendentes apresentavam-se de maneiras distintas nos meios público e privado, e o "aportuguesamento" aconteceu devido à maior necessidade de sua utilização no ambiente público. Como as atas de batismo e casamento tinham um caráter mais público, o aportuguesamento nesses documentos faria sentido (Bassanezi, 2013a).

A grande maioria das crianças filhas de trabalhadores da Santa Gertrudes recebeu nomes simples e, entre eles, poucos predominaram, 15 nomes masculinos simples contabilizavam mais da metade do total daquele estoque (58%). Entre eles, pouco mais da metade (55%) era composta por apenas três nomes: Antônio, João e José. Os 15 nomes femininos simples preferidos correspondiam a 41% do total dos nomes atribuídos às meninas e, entre esses, Maria, Antônia e Ângela chegavam igualmente a 53%. Essa porcentagem se amplia se a ela forem somados os nomes duplos dos quais esses 15 nomes faziam parte (Anexo 7/Tabela 5).

Apenas 62 (6%) meninos e 125 (12%) meninas receberam nomes duplos, resultado de 56 e de 84 combinações diferentes, respectivamente. Para os meninos, a imensa maioria dos nomes duplos não se repetiu (90%), enquanto para as meninas tal porcentagem caiu para 67%. A escolha desses nomes duplos podia ser uma forma de individualizar a criança, de solidificar laços entre a família do pai e da mãe, de reforçar relações familiares que teriam se debilitado no ato de emigrar ou, ainda, de enriquecer o estoque de prenomes em uso. Mas podia também ser resultado de contatos culturais ou uma resposta a um modismo na época (Scarpim, 2010). Não se pode esquecer, no entanto, que nomes duplos, principalmente femininos, sempre estiveram no rol dos nomes luso-brasileiros desde os tempos coloniais, sobretudo os compostos com Maria.

No universo analisado, a maior parcela dos nomes duplos identificou crianças nascidas na década de 1920, inclusive as descendentes de italianos, que antes raramente recebiam um nome duplo. É possível, portanto, que esse fato resultasse do fortalecimento dos contatos culturais, de um modismo na época.

Nomes terminados em *ina* ou *ino*, que denotam diminutivos ou são derivados de outros, eram também mais comuns entre as meninas que entre os meninos e, de modo geral, nomeavam crianças de origem italiana: Angelina, Josefina, Pascoalina, Adelina, Agostino, Albertino. Tais nomes dados às crianças na comunidade italiana eram muito utilizados na Itália para diferenciar do nome dos avós ou dos pais, de padrinhos e outros parentes a quem se queria homenagear ao nomear a criança que acabara de nascer.

O leque maior de opções de nomes dados às meninas pode evidenciar um componente de gênero nas escolhas e até uma hierarquia social entre homens e mulheres. As diferenças observadas estariam associadas a valores patriarcais, que privilegiavam os homens na transmissão dos bens materiais e simbólicos? As regras de atribuição dos nomes seriam, portanto, mais rígidas para os homens que para as mulheres? De qualquer forma, no ambiente da fazenda em que os que trabalhavam não eram proprietários, a transmissão do nome, um bem simbólico, parece ter sido mais rígida para os homens que para as mulheres, mas não tão forte como em área de pequena propriedade que abrigava população imigrante, estudada por Scarpim (2010).

Na escolha dos nomes entre os trabalhadores do café, como ocorria em toda a cristandade, a religiosidade era marcante. O Concílio de Trento ordenava que, ao ser batizada, a criança recebesse um "nome cristão", que lembrasse as virtudes de algum santo que mais tarde deveriam ser imitadas pela pessoa, simbolizando sua fidelidade a Deus. Por outro lado, os pais esperavam que o nome escolhido para seu filho lhe garantisse a proteção dos céus.

Na fazenda Santa Gertrudes e arredores, o catolicismo predominava absoluto entre as crenças religiosas e, portanto, a esmagadora maioria dos nomes que os colonos davam a seus filhos encontrava-se no repertório de nomes de santos e de santas da Igreja Católica. Devoção familiar, promessas, interferência da Igreja através do padre que atendia as famílias e ainda o fato de a criança ter nascido ou ser batizada em data, ou data próxima, comemorativa a determinados santos, ou ao Natal e Páscoa, tinham papel importante nas práticas nominativas dos trabalhadores na fazenda.

Antônio foi o nome que encabeçou com certa distância a lista dos 15 nomes preferidos pelos pais de meninos. Após Antônio, os 5 primeiros nomes preferidos em ordem decrescente foram: João, José, Luís, Pedro e Francisco, todos santos da Igreja. A versão feminina, Antônia, vinha em segundo lugar na lista dos nomes dados às meninas, após Maria. Antônio era um santo muito venerado na Itália, principalmente no norte da península, de onde procediam muitos dos trabalhadores, e era também muito popular no Brasil desde os tempos coloniais (Anexo 7/Tabela 5).

Maria, o nome da mãe de Jesus, predominava entre as escolhas femininas, identificando meninas nascidas no interior de todos os grupos étnicos presentes na fazenda. Maria, simplesmente Maria, foi o mais escolhido para nomear 125 delas e 82 vezes para acompanhar outro nome. A busca de proteção em Nossa

Senhora também deu a muitas meninas os nomes de: Aparecida, Conceição, Lourdes, das Dores ou Dolores, entre outras denominações dadas a Ela.

A prática de nomear as meninas de Maria, também associada à difusão do culto Mariano no país, não fez o mesmo sucesso em sua versão masculina, já que apenas oito meninos foram batizados com o nome de Mário.

Embora a Igreja pós-tridentina não recomendasse a feminização de nomes de santos, essa prática era comum para nomear as filhas dos trabalhadores do café. O contrário, ou seja, a atribuição de nomes de santas em sua versão masculina para os meninos ocorreu muito raramente.

Várias crianças nascidas e/ou batizadas em junho, quando se comemoravam Santo Antônio, São João, São Pedro, acabaram recebendo o nome desses santos, assim como as nascidas e/ou batizadas no dia de, ou em dias próximos ao Natal e à Páscoa ganharam o nome de Natal, Natalina, Natalino, Natália, Pascoal, Páscoa, Pascoalina.

No caso dos imigrantes, é possível também que o nome adotado estivesse vinculado ao santo patrono da aldeia do país de origem e ainda, em se tratando da fazenda Santa Gertrudes, é possível também que os nomes das respectivas colônias onde viviam os trabalhadores (São Joaquim, São José, Santo Antônio, São Guilherme, Santo Eduardo, São Benedito, Santa Maria e Santa Cruz) fossem fontes inspiradoras para os colonos escolherem os nomes de seus filhos.

Um olhar mais atento sobre os nomes escolhidos pelos trabalhadores mostra que a religiosidade presente nessa escolha em muitos momentos apareceu associada à etnia, à linhagem, ao parentesco ou a outras motivações. Se Antônio, João, José, Francisco, Maria, Ana, Francisca foram nomes comuns entre os diferentes grupos étnicos que compunham o universo da fazenda e seus arredores, outros nomes, como Luiz e Luíza, Ângelo e Ângela, foram típicos do grupo italiano e denominaram muito pouco as crianças de outras origens. Vitório, nome do rei da Itália na época, e Eugênio batizaram exclusivamente filhos homens de pais de origem italiana e nenhum de origem luso-brasileira ou espanhola. Esses nomes também aparecem entre os preferenciais dados por italianos e seus descendentes a seus filhos na comunidade do Paraná estudada por Scarpim (2010), o que denota o peso da origem étnica na escolha.

Manoel, Joaquim, Sebastião, Benedito, Joana, Sebastiana e Benedita, nomes bastante comuns entre os luso-brasileiros, por sua vez, chegaram a ser usados para nomear também algumas crianças de origem espanhola e italiana.

> *Benedita foi o nome dado a sua filha pelo casal italiano João Tonin e Rita Fassis. O casal espanhol Cristovan Origuella e Maria das Dores Hernandez Garcia adotou Sebastião como nome de um de seus filhos.*

> *Os casais italianos João Couvre e Alisia Torini e Domingos Pin e Hermínia Buoro deram cada um a um seus filhos nomes duplos compostos com Sebastião: respectivamente Virgílio Sebastião e Sebastião Eugênio.*

No contexto migratório e da fazenda, quando laços com o país de origem foram rompidos ou debilitados e os contatos com outras culturas tornaram-se mais frequentes e fortes, os imigrantes e seus descendentes ampliaram o estoque de nomes atribuídos aos seus filhos. No rol das crianças batizadas na Santa Gertrudes, alguns filhos de italianos e de seus descendentes passaram a receber nomes de Manoel, Sebastião, Iraci, Jandira, Dirce, Iolanda, que não faziam parte do repertório herdado da terra de origem, assim como alguns dos filhos de luso-brasileiros e espanhóis foram nomeados como Ângelo(a), Vitório(a), Amélia, que compunham o estoque de nomes de italianos. É possível ainda que as mulheres, no decorrer do tempo, tivessem conquistado maior poder de interferir nas práticas de nominação, impondo nomes não tradicionais a seus filhos.

No universo da fazenda, poucas crianças receberam o nome de seus pais. Um número ligeiramente maior recebeu o nome de seus padrinhos ou madrinhas, e um pouco mais ainda, o nome dos avós. Entre os meninos e meninas que herdaram os nomes de pais, padrinhos e avós, a prática era dar aos meninos o nome do pai, do padrinho ou do avô e às meninas o nome da mãe, da madrinha ou da avó. O mais comum era meninos receberem o nome do avô paterno e as meninas, o da avó materna. Mais que os meninos, as meninas recebiam o nome do avô paterno ou materno em sua versão feminina. Pouquíssimos meninos ganharam os nomes das avós em versão masculina (Anexo 7/Tabelas 6 e 7).

É possível que nesses exemplos estivessem se sobrepondo casos em que a criança recebia um nome que era tanto do avô paterno como do materno, ou de um desses e também do padrinho, por exemplo. Tal coincidência reforçava, então, a imposição do nome à criança.

Antônio Diadami e Maria Andreolli chamaram seu filho de João, nome que era tanto do avô paterno quanto do avô materno.

Luísa foi o nome escolhido para a filha do casal Demetrio Scagni e Teresa Gasparine. As duas avós da menina também se chamavam Luísa.

Com relação aos nomes dos avós atribuídos aos netos, as informações disponíveis são parciais. Se a amostra obtida puder ser considerada representativa (lembrando que o nome dos avós poderia ser também o nome dos pais ou padrinhos), a escolha dos nomes dos avós abrangeu pouco mais de um quinto das crianças. Diga-se de passagem, dar o nome dos avós – o do avô paterno ao menino e da avó materna à menina – é uma prática ainda observada em muitos locais na Itália contemporânea. Os italianos Eugenio Affonso e Teresa Modolo, por exemplo, seguiram à risca essa tradição: eles batizaram seu primeiro filho com o nome do avô paterno, Luiz, e o segundo, uma menina, com o nome da avó materna, Ângela.

Muitos casais, no entanto, não seguiram a tradição de dar o nome dos avós aos seus primeiros filhos; outros nem chegaram a dar nome de avós a nenhum dos filhos que tiveram.

Augusto Ceregato e Ângela Buoro, italianos, batizaram 14 filhos e somente o caçula recebeu o nome do avô paterno, Giacomo.

Antonio Denardi e Carolina Buoro batizaram cinco filhos e nenhum deles recebeu nomes de seus avós, pais ou padrinhos.

> *Duas outras famílias italianas, com o mesmo sobreno-*
> *me (Arnosti), provavelmente aparentadas, batizaram*
> *em conjunto 17 crianças: nenhuma delas teve o nome de*
> *seus pais ou avós e apenas duas delas receberam o nome*
> *do padrinho.*

Manter a tradição dependia também de como se dava o processo migratório e a inserção das famílias imigrantes nas terras brasileiras. Laços de parentesco e amizade poderiam ser mais fortes entre aqueles que haviam imigrado juntos, em grandes grupos aparentados e/ou oriundos de uma mesma aldeia, e que se fixaram no Brasil em um mesmo espaço por um período significativo. A esperança ou não de voltar à terra natal e o fato de ter deixado pessoas queridas para trás poderiam também interferir na manutenção dos costumes da terra de origem.

Entre os espanhóis e luso-brasileiros da fazenda Santa Gertrudes e arredores, dar o nome dos avós aos netos parece ter sido pouco usual, pelo menos é o que se depreende da documentação analisada.

> *Os espanhóis Francisco Miranda e Maria Encarnación*
> *Gonzales, os portugueses Alfredo Augusto e Felix dos*
> *Anjos e os afrodescendentes Jerônimo Tomé e Benta Maria*
> *da Conceição, assim como tantos outros, não transmitiram*
> *seus nomes aos filhos e netos.*

No estoque dos nomes dados às crianças na fazenda, chama a atenção o fato de algumas delas terem sido batizadas como Guilherme, Guilhermina, Eduardo – os quais não constavam do estoque de nomes de seus pais e avós – e Gertrudes –, que nomeara algumas mães residentes na fazenda de longa data, provavelmente afrodescendentes. Eduardo era o nome do proprietário da fazenda e de seu filho mais novo; Guilherme era o nome do filho mais velho; Gertrudes era o nome da fazenda e também da padroeira da capela onde ocorriam os batizados. É provável que, na escolha desses nomes para as crianças, estivesse embutida uma estratégia de inserção social que, ao mesmo tempo que homenageava a família proprietária e a fazenda que os acolhia, buscava usufruir vantagens e/ou manifestava esperanças de ascensão social. É possível que tal estratégia marcasse também a escolha do nome Antônia, dado que a esposa de Eduardo Prates, Maria Antônia, conhecida como Dona Antônia era, segundo depoimentos, muito admirada pelos trabalhadores. Algumas famílias não se contentaram em dar a um de seus filhos um dos nomes contemplados na família proprietária da fazenda, mas os deram a dois ou três deles.

> O casal italiano Ângelo Gasparine e Ângela Tomazella batizou na fazenda de Santa Gertrudes oito de seus filhos. Os três primeiros receberam nomes de Antônia, Gertrudes e Guilherme.

> O casal de espanhóis Alonso Miranda e Isabel Gonçalves deu a três de seus filhos os nomes de Guilhermina, Eduardo e Antônio.

Embora não fosse uma prática comum dar o nome dos pais aos filhos, a quase totalidade dos nomes preferenciais atribuídos às crianças também fazia parte dos nomes preferenciais que haviam sido atribuídos a seus pais. Porém, eles não seguiam a mesma sequência e também diferiam com relação ao peso proporcional de cada um, no total dos 15 mais usados ou de todos os nomes atribuídos.

De uma geração para a outra, os nomes se movimentaram: os que persistiram mudaram de lugar na classificação, enquanto uns saíam para dar lugar a outros no rol principal, atendendo a novas motivações (Anexo 6/Quadro 10).

Entre os nomes masculinos, apenas Guilherme e Eduardo – recebidos por crianças filhas de pais italianos, espanhóis e luso-brasileiros – não constavam da lista dos pais. Vicente e Domingos, por sua vez, não se constituíram em nomes preferenciais dados aos meninos, como ocorreu com a geração de seus pais.

Adélia e Adelina, nomes não comuns entre as mães, ganharam força na nomeação das filhas, principalmente as de origem italiana, nascidas no Brasil. Olga e Iolanda não apareciam entre os nomes das mães. E Aparecida, que denominava uma ou outra mãe, foi o nome dado a várias meninas nascidas na fazenda. Gertrudes, nome de algumas mães brasileiras, acabou sendo adotado para filhas de mães italianas, espanholas e suas descendentes. Josefa, Joana, Sebastiana, Benedita não caíram em desuso, mas tiveram sua frequência proporcional diminuída com o tempo.

Outro aspecto observado na nomeação dos filhos dos trabalhadores da fazenda Santa Gertrudes é que vários pais repetiam o nome de um filho falecido para o que nascesse posteriormente.

O terceiro filho do casal Angela Buoro e Augusto Ceregato,
Antonio, faleceu em dezembro de 1908. O nome Antonio
foi então dado ao seguinte filho homem nascido em 1911.
Tal prática se repetiu ao nascer Eugenio em 1918, que re-
cebeu o mesmo nome do irmão falecido em 1913.

Scarpim (2010), que estudou a transmissão dos nomes entre os vênetos do Paraná, relaciona uma série de hipóteses sobre tal prática: o prenome faria parte do estoque familiar; teria uma estreita relação com a ideia de ciclo de vida associado à terra; poderia "refazer" o indivíduo no interior da linhagem; evidenciaria a crença na reencarnação, oriunda de cultos agrários; estaria associada "às devoções e funções denotativas do poder simbólico"; a criança falecida teria um representante legítimo na terra capaz de assegurar seu descanso no mundo dos mortos e de zelar pelo seu espírito. O pesquisador conclui então que, entre os vênetos objeto de sua pesquisa, "havia a crença de que o culto aos mortos era uma forma de afirmação da vida para além da morte. Entendiam que os falecidos estavam, de certo modo, unidos a seus familiares, por isso eram muito lembrados nas orações, missas e também nos nomes" (Scarpim, 2010: 137). O mesmo provavelmente acontecia entre os colonos italianos da Santa Gertrudes.

É preciso frisar, contudo, que, se o mundo pequeno, mas complexo e multiétnico, da fazenda Santa Gertrudes e seus arredores contribuiu para a manutenção de determinadas práticas de nominação entre seus trabalhadores, ele também possibilitou o enfraquecimento de outras. A prática de colocar famílias de uma mesma etnia em uma mesma colônia permitiu-lhes manter tradições. Por outro lado, a mobilidade a que estavam sujeitos os trabalhadores do café e os contatos com pessoas de culturas distintas, em uma mesma colônia e no espaço da fazenda, contribuíram para que novos laços se estabelecessem e novas práticas de nominação começassem a surgir entre os diferentes grupos étnicos. Em outros termos, o estoque total de nomes dados aos filhos na Santa Gertrudes diversificou-se e ampliou-se em função dos contatos sociais, de novas motivações e modismos.

A ELEIÇÃO DOS PADRINHOS

Os filhos gerados e nascidos vivos de pais católicos tinham que ser batizados. Na sua grande maioria (76%), os batizados na fazenda aconteceram nos primeiros 60 dias após o nascimento do batizando e, desses, aproximadamente 10% ocorreram nos primeiros oito dias de vida do recém-nascido, como recomendava a Igreja Católica.

Os batizados na fazenda eram realizados em todos os meses do ano, mas preferencialmente por ocasião das festas juninas e na época do Natal (Anexo 8/Gráfico 3).

As relações de compadrio davam-se dentro do mesmo grupo social, de preferência no mesmo grupo étnico, entre pessoas de confiança dos pais. Nem sempre parentes que moravam na fazenda eram escolhidos para assumir esse papel e, raramente, pessoas de posição superior apadrinhavam filhos de trabalhadores assalariados com menor qualificação. Estes, por sua vez, eram muito pouco escolhidos como compadres pelas famílias colonas.

Uma única ata de batismo registra o fazendeiro e sua mulher como padrinhos de uma criança em 1899, que provavelmente era filha de alguém das relações de amizade ou filha de um trabalhador da fazenda com *status* maior, talvez o administrador. Em 1923, o filho do proprietário batizou um filho do administrador. E, em 1930, dois batizados (um deles do filho do cocheiro da fazenda) tiveram como madrinhas as netas do proprietário.

É provável que o fazendeiro evitasse participar como padrinho para que sua autoridade não se visse diminuída; para evitar constrangimentos na hora de cobrar "bom serviço", de multar o trabalhador, de despedi-lo como e quando lhe aprouvesse. Se ele fosse padrinho, conforme se acreditava, um laço espiritual o irmanaria aos pais da criança, como demonstraram Gudeman e Schwartz (1988) em relação ao batismo de filhos de escravos por seus senhores. Por motivos semelhantes, o administrador e o fiscal de colônia quase não apadrinhavam crianças de famílias colonas. Estas, por sua vez, davam preferência a seus iguais, em quem depositavam mais confiança, do que àqueles a quem eram subordinados e cujos interesses eram outros. Contudo, não há como saber qual das duas partes relutou mais em estabelecer esse vínculo de compadrio. O que se pode afirmar é que o compadrio na fazenda Santa Gertrudes não foi recurso utilizado para atenuar as tensões entre os proprietários ou os seus representantes (administrador e fiscais) e os trabalhadores, ou mesmo como estratégia destes para garantir privilégios perante aqueles.

Religiosos, padres ou freiras, crianças ou santos não apadrinharam crianças na fazenda – diferentemente da prática comum em algumas regiões no Brasil Colônia,[32] porque provavelmente fugia às normas da Igreja Católica naquele momento de "romanização" da Igreja no Brasil.

Casais, marido e mulher, eram preferidos para apadrinhar as crianças. A escolha de casais, no entanto, não foi uma prática generalizada em todos os grupos de imigrantes contemporâneos aos colonos do café, como não fora no Brasil Colônia. Não ocorreu, por exemplo, entre os luteranos de origem germânica do Paraná, estudados por Nadalin (1998), onde os padrinhos inclusive eram em número de três ou quatro pessoas, nem entre os ucranianos pesquisados por Andreazza (1999).

Como no casamento, na escolha dos compadres, os aspectos culturais também tinham seu peso.

> Todavia, a escolha [dos padrinhos entre os ucranianos do Paraná] embutia, até muito recentemente, um cuidado muito importante: tanto a madrinha quanto o padrinho deveriam ser casados, embora não entre si. Isso porque o compadrio criava laços de parentesco não só dos padrinhos com os pais do afilhado, como entre os próprios padrinhos. E as pessoas acreditavam que caso uma união acontecesse entre os dois, o resultado seria desastroso: seus filhos nasceriam defeituosos ou com todas as condições de se tornarem lobisomem. (Andreazza, 1999: 253)

Na fazenda Santa Gertrudes, ao que tudo indica, os imigrantes não comungavam da mesma crença que os ucranianos do Paraná. No entanto, nessa fazenda,

---

[32] Ver Haimester (2006), Venâncio (1986), Ramos (2004), entre outros.

abriram-se algumas exceções: um irmão junto com sua irmã, um pai e sua filha, um parente do pai com uma parenta da mãe, um conhecido com uma parenta ou vice-versa.

A existência de parentes residindo na fazenda não significava que eles seriam os selecionados ou, se fossem, que seriam os primeiros na fila dos compadres escolhidos por um casal.

> *Dos dez filhos de Teresa e Eugenio, seis (inclusive os quatro primeiros filhos) tiveram como padrinhos casais sem vínculos de parentesco. O quinto filho do casal foi batizado por tios do lado materno. O sexto, por avós, pais da mãe. E o oitavo, por tios do lado paterno. (Figura 23).*

> *Vicenzo Buoro e Enrica Pin tiveram nove filhos nascidos e batizados na fazenda. Pelo que tudo indica, contavam com uma parcela razoável de parentes vivendo na mesma fazenda, uma vez que apenas seu segundo filho teve como padrinhos um casal que não era parente. (Anexo 6/ Quadro 11).*

Através do compadrio, as pessoas podiam reiterar alianças previamente existentes consolidadas, por exemplo, em casamentos. As uniões conjugais e o compadrio, em muitos ambientes e na Santa Gertrudes, tornaram os laços de solidariedade ainda mais fortes, principalmente entre os imigrantes que podiam lançar mão deles como uma estratégia para sobreviver aos percalços da nova realidade.

Os trabalhadores da fazenda Santa Gertrudes alternavam seus compadres, indo buscá-los principalmente entre familiares e amigos, entre as mesmas famílias, na mesma etnia e na mesma colônia, mas sem um padrão preestabelecido. Alguns buscavam seus compadres entre aqueles que conheceram durante sua estada na fazenda, oriundos de países diferentes dos seus, entre os seus vizinhos "com quem riam e choravam". Uma vez afastados da terra e da parentela, os imigrantes tendiam a estabelecer novas relações e investir no parentesco através do compadrio. E isso vale tanto para aqueles que permaneceram na fazenda por muitos anos, como para os que ficaram na Santa Gertrudes por pouco tempo (Anexo 6/Quadros 12 e 13).

Se houve um padrão de compadrio transportado para o Brasil das sociedades de origem dos trabalhadores imigrantes, isso não transparece na documentação analisada. A verdade é que, no contexto da imigração para o café, nem sempre era possível reproduzir na sua totalidade padrões de compadrio vivenciados na terra de origem, uma vez que foram atraídos para o Brasil casais jovens com ou sem filhos, que deixaram para trás pais e sogros, irmãos, tios, primos e amigos que não migraram e, quando o fizeram, nem sempre permaneceram próximos. Esse foi o caso, por exemplo, das irmãs de Teresa Modolo (citadas na abertura do capítulo "Casamentos"), que, com seus maridos, deixaram a fazenda Santa Gertrudes, migrando para outros locais – mobilidade que provavelmente enfraqueceu suas antigas relações sociais.

No universo das relações de compadrio, havia casais com maior prestígio e reconhecimento no grupo que eram escolhidos por muitos pais como padrinhos de seus filhos. Eles eram em geral mais experientes, mais velhos, moravam na fazenda há mais tempo ou haviam alcançado maior sucesso econômico. Alguns eram escolhidos com a perspectiva de poderem ajudar a levar a cabo os cuidados ou educação dos filhos na ausência ou mesmo na presença dos pais.

> *O casal de espanhóis Antonio Artur e Dolores Alonso batizou 24 crianças, a maioria de origem espanhola, alguns filhos de espanhóis com italianas e uns poucos filhos de italianos e luso-brasileiros. Além de respeitado, esse casal era provavelmente mais velho que seus compadres, pois não teve filhos batizados na fazenda Santa Gertrudes.* (Anexo 6/Quadro 14)

> *Antonio Gasparine e Luigia Tambaglioli tiveram três filhos batizados na capela da fazenda, mas foram padrinhos 10 vezes, sempre de crianças de origem italiana.* (Anexo 6/Quadro 15)

Por outro lado, havia casais com muitos filhos batizados, mas sem nenhum afilhado, ou apenas um. Problemas como alcoolismo, doença, dificuldades econômicas e a pecha de "mau trabalhador", além de outros aspectos subjetivos, afastavam essas pessoas do convite para serem padrinhos de batismo.

Retornando à trajetória do casal que introduz este capítulo, Eugenio Affonso e Teresa Modolo, as atas de batismo revelam que eles fizeram um grupo grande de compadres, não só porque deram seus filhos a batizar, mas igualmente porque acabaram sendo padrinhos de várias crianças. Dessa forma, ampliaram em muito as suas relações sociais dentro da fazenda: com Paolo Guaino e Giovanna Tempo duplamente, pois não só eles batizaram um filho desse casal, como também os convidaram para batizar um dos seus.

Essa prática de "troca de afilhados" se repetiu entre muitas outras famílias, assim como o compadrio que unia três ou mais casais através dos batizados em uma espécie de triangulação, como aconteceu também com Eugenio e Teresa e Paolo e Giovanna, que se tornaram padrinhos, respectivamente, de dois filhos de Antonio Evangelista e Catarina Scatolin.

Vários casais também batizaram dois ou mais filhos de um mesmo casal. Domingos José Garcia e Otavia Rebechini escolheram Antonio Artur e Dolores Alonso como padrinhos de três de seus filhos (Anexo 6/Quadro 14); Miguel Romero e Maria Vitoria batizaram dois filhos de José Juvenal e Sebastiana América da Silva. Tal prática estaria reforçando laços estabelecidos com pessoas a quem os pais da criança respeitavam e admiravam. Uma hipótese, que esses casos não confirmam e que a documentação também não permitiu comprovar, seria que a escolha de um mesmo casal para apadrinhar dois ou mais filhos de um mesmo casal servia para manter laços sociais que, no ver dos pais e/ou padrinhos, tinham sido truncados com a morte precoce de um afilhado.

"Perchè non chiamate il medico?
Perchè lasciate che il tracoma accechi
questro figlioletto?" Chiedava un di noi
ad una povera giovanissima madre nella
"fazenda modello" di Santa Gertrudes
presso a Campinas. E la risposta suonò
questa volta come sempre, la stessa:
"Curasi costa troppo; non ci é possible,
non ne abbiamo i mezzi" e lo scoppio del
pianto ha suggellato sovente la veridicità
dell'affermazione ed il profondo strazio
di anime desolate (...)"

As enfermidades e a morte

Os colonos Angela Buoro e Augusto Ceregato batizaram 14 filhos na capela da fazenda Santa Gertrudes. No decorrer dos dias e dos anos, contudo, choraram a morte de sete deles, falecidos ainda crianças. A primeira a morrer foi a pequena Carolina, em 7 de maio de 1906, aos 7 meses de idade, vítima de gastroenterite. Pouco mais de dois anos depois, em 16 de dezembro de 1908, faleceu Antonio, aos 11 meses, sem que a causa de sua morte fosse informada no atestado de óbito. Em 9 de janeiro de 1914, a meningite levou a menina Lydia de 10 anos de idade. No final desse mesmo ano, em 18 de dezembro, a "morte natural" privou a família do bebê Eugênio, de 16 meses. Em 10 de julho de 1917, Assunta, então com 13 meses, morreu em razão de "catarro sufocante". Cerca de 7 anos depois, em 15 de maio de 1924, faleceu a menina Luiza de 2 anos de idade, vítima de atrepsia. No dia 14 do mês seguinte, Angela e Augusto perderam João, seu bebê de 3 meses que morreu com "hérnia estrangulada".

Angela não foi a única mãe a lamentar a morte de seus filhos. Na fazenda Santa Gertrudes, muitas mães, de todas as nacionalidades, brancas e negras, derramaram lágrimas por filhos mortos em tenra idade. Os bebês das italianas Josefina Zanetti e Teresa Calisso, da portuguesa Virginia Candida, da alemã Guilhermina Weltz e da afrodescendente Gertrudes da Conceição foram algumas das vítimas do "mal dos sete dias", o tétano dos recém-nascidos, e morreram em poucos dias.

Enquanto viveu e trabalhou na fazenda, Angela viu centenas de mães perderem suas crianças para enfermidades do aparelho digestivo como a enterocolite, a gastroenterite, as lombrigas e os vermes. Conviveu também com o sofrimento daquelas que haviam parido natimortos. E conheceu muitas mulheres que morreram com doenças uterinas ou em razão de problemas no parto. Em seus tempos de colona, Angela viu ainda muitas pessoas prejudicadas pelo tracoma e outras enfermidades que não matavam, mas deixavam graves sequelas.

OS CUSTOS DA DOENÇA

Muitas mortes nas terras cafeeiras poderiam ter sido evitadas e várias doenças, amenizadas ou curadas, mesmo nessa época. Cuidados com a saúde e uma assistência médica mais assídua e eficiente poderiam ter resolvido vários problemas e poupado muitas dores.

Além dos sofrimentos e dos incômodos para as famílias trabalhadoras, ter um de seus membros enfermo significava abrigar em casa um consumidor que, além de não colaborar com o orçamento familiar, necessitava dos cuidados de outro membro da família que precisaria diminuir seu ritmo e seu tempo dedicado à atividade laboral. As famílias trabalhadoras também sabiam que a morte de um de seus membros aptos ao trabalho, além da tristeza provocada por sua ausência, poderia comprometer seriamente a economia familiar. Contudo, os cuidados necessários à preservação da saúde, que poderiam evitar doenças, não eram devidamente praticados por desconhecimento, por serem inacessíveis ou porque as pessoas tinham que trabalhar e não podiam "perder tempo" para se tratar corretamente.

Instalações sanitárias adequadas inexistiam, assim como água tratada. Muitos ignoravam ou não praticavam preceitos simples, como a higiene das mãos, a fervura ou filtragem da água, a esterilização de instrumentos para uso no parto e no cuidado com doentes. Muitas mães estrangeiras, ainda não adaptadas ao clima quente e úmido, agasalhavam demais as criancinhas, davam-lhes alimentação inadequada e água contaminada que levavam à desidratação, provocando a morte de muitas delas. A maioria das pessoas andava descalça por falta de recursos, o que facilitava a penetração de parasitas no organismo, entre eles o chamado "bicho-do-pé".

Além disso, a assistência médica era muito precária naquelas terras. Para sanar tal deficiência, para aliviar a dor, as pessoas se valiam da "medicina popular". Utilizavam chás de plantas diversas visando à cura de verminoses e de infecção urinária. Para cicatrização de feridas, colocavam compressas de ervas ou de "picoman" (nome popular dado aos resíduos de fuligem da queima de madeira, geralmente encontrados no teto de cozinha com fogão à lenha).

A fazenda Santa Gertrudes intervinha e se preocupava mais com determinados casos de saúde que afetavam o cotidiano dos seus trabalhadores interferindo na produtividade. Ao atender casos isolados, procurava neutralizar eventuais atritos, dando a entender a todos que protegia e cuidava de seus empregados. A correspondência do administrador com o proprietário oferece alguns exemplos desses cuidados eventuais:

> Conforme já conversei aqui com V.Sa., segue [para São Paulo] o colono [ilegível] E., levando consigo uma menina sega para deixar na Santa Casa de Misericórdia. Peço a V.Sa. o favor de guial-o ahi. (Fazenda Santa Gertrudes, Copiador 5, 1899: 404)

> Peço a V.Sa. o favor de providenciar afim de ser removida para o Hospício a colona desta fazenda T. T. mulher do colono M. V., pois que se tem agravado muito a moléstia. (Fazenda Santa Gertrudes, Copiador 9, 1901: 196)

A mulher do colono Luigi declarou-me que não quer se sujeitar a operação na garganta, portanto fica sem efeito o pedido que ahi fiz a V.Sa. (Fazenda Santa Gertrudes, Copiador 9, 1901: 196)

Nas décadas finais do século XIX, esporadicamente, médicos de Rio Claro eram chamados para atendimento aos trabalhadores da Santa Gertrudes em casos emergenciais e mais graves, à custa de suas próprias famílias. Contudo, os valores da consulta médica eram elevados e muitas das famílias não dispunham de recursos necessários para enfrentá-los.

Em razão dessas dificuldades, em 1903, foi criada a Sociedade Médica na fazenda, não se sabe se por iniciativa do proprietário ou dos colonos. Mas a intermediação entre médico e colonos era realizada pelo administrador, certamente seguindo orientações do fazendeiro. A partir de então, a família trabalhadora, mediante pagamento de uma mensalidade proporcional ao número de pés de café de que cuidava, tinha direito a consultas realizadas por um médico que visitava a fazenda periodicamente, em dias determinados.

Os colonos que tratarem até 3 mil pés de café, pagaran 1.000rs, os que tratarem de 3 a 6 mil pés 2.000rs, os que tratarem de 6 a 9 mil pés 2.500 rs e os que tratarem de 9.000 para cima 3.000 rs e não fornecendo a elles os remédios. (Fazenda Santa Gertrudes, Copiador 13, 1903: 206)

Não se tem notícia se todas as famílias colonas aderiram a essa Sociedade Médica, mas provavelmente a maioria aderiu. Contudo, pertencer a ela não abrangia todas as questões de saúde que afetavam essas famílias. Para atendimento médico na fazenda em casos emergenciais, para além do dia acordado pela Sociedade Médica, o trabalhador deveria pagar pela visita e consulta do médico, que teria que se deslocar da cidade para a fazenda especificamente para atender o paciente. Dependendo da gravidade do caso, o custo de uma consulta médica chegava a atingir Rs50$000, um valor muito elevado considerando os rendimentos familiares.

Outra opção dada à família era transportar o doente à cidade para consultas e exames médicos, o que representava, além dos gastos, a perda do tempo dedicado ao trabalho e, consequentemente, decréscimo nos rendimentos familiares.

As lembranças do triste diálogo de um visitante da fazenda com uma colona e o comentário que ele faz depois ilustram a situação precária vivida pelos colonos em termos de saúde e assistência.

> "Por que não chamou o médico? Por que deixou o tracoma cegar seu filho?" um de nós perguntou a uma mãe pobre e muito jovem na "fazenda modelo" de Santa Gertrudes, próxima a Campinas. E a resposta, como sempre, foi: "Curar-se custa muito; não é possível, nós não temos os meios". As lágrimas selaram a veracidade da afirmação e o profundo tormento dessa alma desolada. [...]

> É sabido e alguns médicos também confirmam que, no Brasil para quem adoece, a desgraça soa dupla: a doença e a cura. [...]. A enfermidade pode custar a vida. Se você chamar o médico, ele pode às vezes e com frequência fazer uma cirurgia, salvar a vida do

doente ou protegê-lo de sequelas, mas, de um só golpe, o modesto colono corre o risco de perder todas suas economias [...]. No Brasil, é proverbial dizer: "A morte custa caro". (Pieraccini, 1913: 113-14; tradução da autora)

Os membros da Sociedade Médica também não tinham direito a remédios gratuitos. Estes eram adquiridos nas farmácias (da própria fazenda, da vila de Santa Gertrudes, de Cordeirópolis ou de Rio Claro), mediante valores que a fazenda adiantava e posteriormente descontava do montante que ela deveria pagar às famílias pelo seu trabalho.

O TRACOMA, "PIOR QUE A TUBERCULOSE"

Entre as muitas enfermidades que grassavam nas fazendas de café paulistas estava o tracoma.[33] Enfermidade contagiosa, ela atingia adultos, jovens e crianças, nacionais e estrangeiros indistintamente, provocando fotofobia, dor e lacrimejamento e, por vezes, a diminuição da visão até a cegueira total. A precária higiene pessoal e doméstica, a poeira do solo, a falta de proteção contra a intensidade da luz e o clima quente e úmido contribuíam para sua disseminação.

O tracoma representava importantes perdas econômicas, por isso, era uma grande preocupação para o

---

[33] O tracoma não existia no Brasil. Os focos dessa doença surgiram em dois momentos e lugares diferentes: no Nordeste, durante a colonização portuguesa e, em meados do século XIX, trazidos pelos imigrantes europeus que se dirigiram para o Sul e o Sudeste. Atualmente, apesar das medidas de controle, o tracoma é considerado uma enfermidade endêmica em grande parte do território nacional.

proprietário da fazenda e para os trabalhadores. Desse ponto de vista, essa enfermidade era "pior que a tuberculose", como registrou o Dr. Francesco Pignatari, um reconhecido médico da época, que inclusive chegou a atender pacientes na Santa Gertrudes.

> [...] o tracoma para a sociedade é mais nocivo que a tuberculose, porque esta última, com a morte, traz apenas a perda do seu trabalho individual, enquanto o primeiro deixa a pessoa inapta ao trabalho, que continua a pesar à sociedade, que deve prover de alguma forma o seu sustento. (Pieraccini, 1913: 107 – reportando a um texto escrito pelo Dr. Francesco Pignatari, em 1905, sobre patologias brasileiras; tradução da autora)

Em 1907, em virtude da expansão de casos de tracoma na Santa Gertrudes, uma série de providências foi tomada pela fazenda. Em 6 de janeiro, o administrador contou ao proprietário sobre a visita do Dr. Pignatari, que constatou dezenas de casos de tracoma na propriedade.

> *De acordo com o telegramma de hoje de V. Excia. esteve hoje n'esta acompanhado pelo empregado Daniel dos Santos o Snr Dr Francesco Pignatari, medico oculista que tendo chegado aqui ás 10 h e meia da manhã, se retirou ás 2h da tarde indo embarcar em Cordeiro onde também havia desembarcado de regresso a esta capital. O Dr Pignataro examinou muitos colonos e empregados d'desta, que se acham doentes dos olhos tendo encontrado 70 doentes de trachoma e mais 17 com outras moléstias.* (Fazenda Santa Gertrudes, Copiador 18, 1907: 87)

Para tratar dos tracomatosos, em 15 de janeiro, chegou à Santa Gertrudes, acompanhado pelo empregado Daniel dos Santos, o oculista prático Domingos Mezzatero com a missão de ficar na fazenda o tempo necessário para fazer curativos e tratar todos aqueles que estivessem "doentes dos olhos". Entre 16 de janeiro e 6 de março, foram então tratados 252 doentes, dos quais 76 receberam alta no período.

Como, apesar desses esforços, o tracoma persistia, a fazenda passou a ser assistida por agentes públicos de saúde, também preocupados com a propagação dessa enfermidade nas áreas cafeeiras do estado.

> *Esteve hoje n'esta com um auxiliar o Dr Edmundo de Carvalho Director do Posto Anti-trachomotoso de Rio Claro.* (Fazenda Santa Gertrudes, Copiador 19, 1907: 42)

> *Esteve hoje nesta o Dr João Coriolano com 2 auxiliares a fim de examinar e curar os doentes de trachoma e tendo encontrado muitos doentes resolveu mandar um enfermeiro para aqui por conta do Governo e pede para que lhe seja fornecida pensão.* (Fazenda Santa Gertrudes, Copiador 20, 1908: 105)

Mesmo assim, o tracoma continuaria a prejudicar os trabalhadores do café. Em 1916, o conde Prates solicitou ao padre Ermeti o envio de um medicamento contra o tracoma para tratar enfermos da Santa Gertrudes.

Fazenda de Santa Gertrudes, 21 de março de 1916
Ilmo. E Revmo Snr

Padre Isidoro Ermeti
Sancta Cruz da Conceição

Havendo-me dito em tempo o Revmo. P. Faustino Cosoni
que estava V. Revma. preparando um remédio muito eficaz
para o tratamento de trachoma, e vendo agora que é anun-
ciada a sua venda em benefício da construção da Igreja
Matriz dessa localidade: aqui junto uma cédula de cem mil
réis, com o pedido de ser me feita a remessa para esta de
uma dúzia de frascos do referido remédio, afim de ser apli-
cado em doentes dessa moléstia desta Fazenda. Esperando
que ser-me-há feita essa remessa com a possível brevidade,
com consideração é que sou
De V. Revma
Amigo, Criado, Obrigado.
[as. Conde de Prates]
(Fazenda Santa Gertrudes, Copiador 33, 1916: 344)

AS EPIDEMIAS

Ao menor alarme de doença epidêmica na região, o administrador da fazenda Santa Gertrudes, atendendo a ordens expressas do proprietário, tomava escrupulosamente todos os cuidados possíveis para evitar que ela penetrasse e se alastrasse no seu interior. As entradas e saídas da propriedade passavam a ser controladas com maior rigor e uma autoridade sanitária era chamada para as devidas providências. No caso de existir vacina contra a doença, os moradores eram obrigados a se vacinar. O temor de que as doenças se alastrassem era grande, uma vez que famílias da Vila de Santa Gertrudes costumavam esconder seus doentes para evitar que eles fossem separados de seus familiares pelas autoridades médicas e enviados para hospitais de isolamento. Tal atitude dificultava muito uma ação profilática na região.

A dispersão das famílias nas diversas colônias da fazenda ajudava a evitar o contágio, que ocorria com mais força e rapidez nas aglomerações urbanas. Observado algum caso na fazenda, o doente era imediatamente isolado e sua casa desinfetada.

Graças a esses procedimentos, as epidemias de febre amarela em 1892, de sarampo em 1905, de varíola em 1910, de influenza em 1918 e de tifo em 1922, que grassaram na região de Rio Claro, resultaram em alguns poucos óbitos no espaço da fazenda.

Em 1892, foram registrados 12 óbitos de febre amarela na Santa Gertrudes. Durante a epidemia de sarampo de 1905, que se propagou fortemente em todo município de Rio Claro, 5 pessoas morreram na fazenda. A epidemia de varíola, que atacou Rio Claro em 1910, matou alguns camaradas e uma criança na Santa Gertrudes. Nessa ocasião, o administrador procurou ficar atento aos trabalhadores, registrando que "à menor queixa de dor de cabeça, remeto [a pessoa] a Rio Claro, espero em Deus que não propagará a moléstia" (Fazenda Santa Gertrudes, Copiador 24, 1910: 261). Entre 25 de setembro e 10 de outubro de 1910, foi realizada a desinfecção de todas as casas onde haviam ocorrido casos de varíola, e 747 moradores receberam vacina.

Em 15 de dezembro de 1910, foi desinfetada a casa de um fiscal de turma, cuja filha falecera de crupe. Em 16 de outubro de 1913, novo alarde na fazenda com o aparecimento de um caso de alastrim,[34] que acabaria sendo declarado "benigno" pelo médico que atendeu o enfermo.

A epidemia de gripe de 1918 de início poupou os trabalhadores da fazenda, mesmo tendo chegado com vigor à Vila de Santa Gertrudes tão logo entrou em território paulista pelo porto de Santos.

> *Está grassando com intensidade na Estação de Santa Gertrudes a "gripe Hespanhola". Aqui na Fazenda, felizmente não consta que se tenha caso algum dessa doença até agora.* (Fazenda Santa Gertrudes, Copiador 38, 1918: 36)

Nos primeiros meses de 1919, no entanto, ela atravessou os limites da fazenda e atingiu vários moradores.

> *Os colonos José Talarigo e José Ferreira Filho não pode ir já podar café no cafezal de Santo Eduardo devido às suas respectivas famílias e eles próprios terem sido atacados de "gripe".* (Fazenda Santa Gertrudes, Copiador 38, 1919: 279)

Duas pessoas chegaram a morrer na Santa Gertrudes por conta da "gripe espanhola".

Passado algum tempo, em 1922, a febre tifoide veio perturbar a vida da fazenda.

---

[34] Alastrim, também denominada de varíola minor, é uma doença eruptiva, epidêmica, contagiosa. Trata-se de uma forma atenuada de varíola e de menor letalidade.

Tendo-se manifestado uma epidemia de thypho na Colonia Santo Antonio (10 casos dos quaes 1 fatal) e como os medicos suspeitam que tal epidemia deve ser produzida pela fonte de água que abastece a mesma colônia, mandei amostras da mesma para São Paulo, solicitando do Snr Cabral providencias para a mesma ser devidamente analysada.
(Fazenda Santa Gertrudes, Copiador 43, 1922: 243)

Os cuidados tomados pela fazenda com as epidemias não ocorriam com o mesmo rigor quando se tratava de outras enfermidades que atingiam os trabalhadores.

ENFERMIDADES FREQUENTES

No trabalho árduo e contínuo das fazendas de café paulistas, os trabalhadores e suas famílias enfrentavam uma série de dificuldades que impediam que tivessem uma vida melhor e mais saudável. Atrasos nos pagamentos, roubos no acerto de contas, multas consideradas indevidas, regras e vigilância muito severas, perseguições, frustrações, desesperanças fizeram parte da vida de muitos dos trabalhadores dessas fazendas. Esses fatores, por vezes, resultavam em enfermidades que podiam levar à morte, em alcoolismo, em demência, em suicídio ou assassinato, e acabavam por desestruturar muitas famílias.

O abuso da pinga (aguardente extraída da cana-de-açúcar), ao qual se rendem muitos trabalhadores pela falta de vinho, produz uma forma especial de alcoolismo, que se pode chamar de *pinghismo* e que se manifesta como doença do sistema nervoso. (Rossi,1902: 35, tradução da autora)

Como em outros lugares, apesar dos laços familiares estreitos e do valor dado ao esforço e ao trabalho, na fazenda Santa Gertrudes havia um número razoável de pessoas alcoólatras. Nos livros Contas-Correntes de empregados da fazenda, é possível vislumbrar o grande volume do consumo de aguardente por parte de algumas famílias. Em depoimentos de ex-colonos, a questão do alcoolismo também apareceu com alguma frequência. Como um deles explicou: "A gente continuou muito pobre porque meu pai bebia muito".

Nessa fazenda também foram registrados quatro casos de doença mental, duas mulheres e dois homens adultos, que acabaram encaminhados para o Hospício do Juquery, na cidade de São Paulo.

> *O nome da colona que está sofrendo das faculdades mentais é MG, idade 30 anos filha legítima de S.G. e M.G. naturais da Espanha.* (Fazenda Santa Gertrudes, Copiador 3, 1898: 382)

> *Confirmando muito louco o colono A. peço a V. Sa. o favor de ver se consegue no Hospício um lugar para ele.* (Fazenda Santa Gertrudes, Copiador 11, 1902: 100)

Lá também ocorreram tentativas de suicídio.

> *O colono G. M. tentou suicidar-se hoje as 3h da tarde, dando dois tiros no ouvido, chamei imediatamente o Dr Avelino Chaves que considerou o caso grave.* (Fazenda Santa Gertrudes, Copiador 31, 1915: 482)

Muitos trabalhadores da fazenda sofreram fraturas por quedas e queimaduras de diversos tipos. Também eram comuns os ferimentos provocados por objetos perfurocortantes, cacos de vidro e gravetos esparramados pelo chão. Picadas de insetos e de cobras e infecções causadas pelo "bicho-do-pé" eram facilitadas pelo fato de as pessoas andarem com os pés descalços. Ocorriam ainda casos de envenenamento por ingestão de frutas não comestíveis e ferimentos acidentais com arma de fogo.

> *Participo a v. Excia que o colono J. B. da Colonia de Sam Joaquim feriu-se gravemente com um tiro de espingarda na perna e na mão; foi chamado do Snr Dr Pignatari para curá-lo.* (Fazenda Santa Gertrudes, Copiador 26, 1911: 366)

Embora a ancilostomíase apareça pouco citada nos documentos da fazenda, certamente estava difundida entre os trabalhadores. Como visto, a maioria deles andava descalça, não tinha acesso à água tratada e rede de esgoto e era negligente quanto à higiene e até mesmo com a própria enfermidade quando esta se manifestava. Nos registros de óbitos dos residentes na fazenda, foram anotados 60 casos em que a causa da morte aparece como "vermes intestinais". Contudo, esse número pode ter sido muito maior, pois, embora em geral a ancilostomíase não mate, ela debilita o indivíduo a ponto de deixá-lo impossibilitado de trabalhar e sem resistência a outras doenças. Essas doenças eram, então, as que apareciam no diagnóstico médico como determinantes da morte.

Os cearenses que vieram trabalhar na fazenda Santa Gertrudes, no final da segunda década do século XX, eram pessoas miseráveis, subnutridas, em péssimo estado de saúde. A fazenda encaminhou vários deles ao Instituto Paulista com a doença de Chagas, popularmente chamada de "vexame do coração". As crianças, na sua maioria, estavam "atacadas de disenteria" e desidratadas.[35]

Problemas de saúde como esses impossibilitavam as vítimas de trabalhar por algum tempo ou para sempre. Em decorrência deles, algumas pessoas chegavam a morrer. Muitas das enfermidades que tiravam vidas dos imigrantes deixavam viúvas e órfãos em situação precária, obrigando-os, inclusive, à repatriação.

> [...] É portador da presente o colono d'esta Fazenda, F. B., que vai até aí [cidade de São Paulo] a fim de acompanhar sua cunhada M. C. que, em companhia de sua sogra e 3 filhinhos, regressam para a Itália.
>
> Fiz entrega a M.C. da quantia de Rs$137:900 sendo Rs$ 42.700, produto de uma subscrição promovida entre os colonos das Colônias São Joaquim e São José e Rs$ 94.200, importância de 157 alqueires de café que colheu juntamente com seu cunhado F. B., a quem debito por esta importância. [...]. (Fazenda Santa Gertrudes, Copiador 7, 1900: 363)

A bibliografia e os relatos de época mostram que, nas fazendas paulistas, as mulheres eram frequentemente molestadas física e sexualmente. Era comum que mulheres e meninas fossem violentadas por proprietários, por seus filhos, por administradores e mesmo por parentes e vizinhos trabalhadores. Tais casos

---

[35] Nessa ocasião, é preciso destacar, visitas de médicos do Serviço Sanitário do Estado de São Paulo para exame e tratamento dos recém-chegados eram mais frequentes nas fazendas.

chegaram a levar famílias impotentes ao desespero. Há ainda documentos que mostram que crianças órfãs tiveram seus destinos definidos por autoridades, encaminhadas a instituições como o Orfanato Cristoforo Colombo, criado na capital paulista para receber órfãos de imigrantes. Contudo, não foram encontradas informações desse tipo na documentação específica da fazenda Santa Gertrudes.

MORRER NA FAZENDA

A mortalidade entre os trabalhadores da Santa Gertrudes, provavelmente, seguiu as tendências observadas na população paulista como um todo da época: altas taxas de mortalidade geral e infantil.

Quase nada se sabe sobre as taxas de mortalidade geral nas fazendas paulistas e mesmo nas áreas rurais do estado. A ausência de informações sobre o volume total da população nesses espaços e a frequente entrada e saída de trabalhadores dificultam o cálculo da taxa de mortalidade geral nesses locais. Na fazenda Santa Gertrudes, é provável que tenha chegado à quantia de 20 óbitos para cada mil habitantes (20‰), uma taxa um pouco mais alta do que a verificada no município de Rio Claro como um todo (18‰) (núcleo urbano e área rural), a que pertencia no mesmo período.

Estudos realizados mostram que, nos municípios paulistas, essa taxa variava entre 18 a 20 óbitos por mil habitantes. Revelam também que, na cidade de São Paulo, na década de 1890, quando chegou o maior fluxo de imigrantes, a taxa de mortalidade chegou a 28‰. Já na primeira década do século XX, ela diminuiu – em função de uma série de medidas tomadas pelas autoridades relativas a saneamento, vigilância, fiscalização sanitária, imunização e controle de vetores –, chegando a 19,5‰, em média, entre 1901 e 1920.

A mortalidade infantil, por sua vez, em alguns momentos e locais do território paulista, chegava a ultrapassar a cifra de 200 óbitos de crianças, entre zero e um ano de idade, para cada mil crianças nascidas vivas (200‰). Ela se assemelhava à taxa média de mortalidade infantil observada no continente europeu em meados do século XVIII (Livi-Bacci, 1999).

Cálculos efetuados para os municípios cafeeiros de Campinas e Ribeirão Preto, no conjunto das áreas rural e urbana, resultaram em uma taxa média de mortalidade infantil em 195‰ no período de 1896 a 1930. No bairro do Brás da cidade de São Paulo, com grande concentração de imigrantes e onde estava localizada a Hospedaria de Imigrantes, a taxa de mortalidade infantil chegou a 247‰ entre 1896 a 1904. Nesse bairro, adultos e crianças viviam amontoados em cortiços fétidos, convivendo em péssimas condições de higiene, mal alimentados e sujeitos a uma série de doenças, inclusive, infectocontagiosas. Crianças vinham ao mundo de mães debilitadas, sem assistência especial ao parto e a elas próprias. Debilidade congênita, inanição, tétano dos recém-nascidos ou "mal dos sete dias", diarreias, enterites e falta de cuidados adequados tiravam a vida de muitas crianças entre zero e um ano de idade.

De fato, nos primeiros anos de adaptação dos imigrantes ao novo país, um local estranho e diferente, as mães tinham dificuldades em compreender o ambiente de uma região de clima mais quente, muitas vezes com mudanças bruscas de temperatura, clima bem diverso daquele de onde elas eram oriundas. Em terras paulistas, como já mencionado, mães imigrantes agasalhavam as crianças de forma inadequada, davam de comer a elas frutos e alimentos impróprios e de beber água muitas vezes insalubre. Em centros urbanos, mães estrangeiras, inclusive, deixavam de amamentar os filhos para amamentar os bebês de famílias ricas, procurando obter algum ganho para o sustento de sua família. A isso somava-se a falta de condições sanitárias favoráveis, que deixavam a infância bastante desprotegida e suscetível a determinadas doenças (Bassanezi, 2018).

Quanto à fazenda Santa Gertrudes, o cálculo da taxa de mortalidade infantil é mais complicado do que para os municípios paulistas em geral. Nem todos os registros de nascimentos feitos ali trazem o nome da fazenda como local de nascimento. A opção, então, para chegar ao cálculo de uma taxa de mortalidade infantil mais próxima da realidade, foi utilizar as atas de batizados realizados na capela dessa fazenda que, em tese, corresponderiam aos nascimentos ocorridos no local.[36] Tal procedimento mostrou-se aceitável, tendo em vista que os trabalhadores eram católicos e contavam com a presença constante do padre para a celebração do batismo dos recém-nascidos.

---

[36] A Demografia Histórica, para períodos anteriores à implantação do Registro Civil, utiliza o Registro Paroquial de batismo, casamento e óbito para análise da dinâmica demográfica das populações do passado. No caso do batismo, seu número seria compatível com o de nascimentos, pois pelas normas da Igreja na época deveria ser realizado até oito dias após o nascimento.

Por outro lado, nem toda criança era batizada nos primeiros dias de seu nascimento e também não se tem a garantia de que todas as crianças batizadas na capela da fazenda tivessem nascido aí; é possível que entre elas houvesse algumas crianças de fazendas e vilas vizinhas.

Em que se pesem tais limitações, a pesquisa realizada nos registros de batismo da fazenda e no registro civil de óbitos de crianças entre 0 e 1 ano de idade apontou que a mortalidade infantil na fazenda e vizinhança estaria, sim, por volta de 200 óbitos de crianças de 0 a 1 ano de idade por mil crianças nascidas vivas (200‰), pelo menos até o final da primeira década do século XX. Essa taxa teria declinado em seguida e voltado a aumentar nos anos finais da segunda década, quando da chegada das famílias cearenses bastante debilitadas para o trabalho na Santa Gertrudes.

A mortalidade na fazenda atingia mais homens que mulheres e mais crianças que jovens e adultos. Os óbitos de homens ocorriam em maior número porque a população masculina na fazenda era maior que a feminina. Nos óbitos de crianças até um ano de idade predominavam os meninos, porque, segundo a norma biológica, em média, nascem 105 homens para cada 100 nascimentos de mulheres. Os óbitos de mulheres, por sua vez, se elevavam e chegavam a superar os de homens em faixas etárias do período reprodutivo da vida das mulheres, quando aumentavam os riscos de a mulher falecer por problemas ligados à gravidez, ao parto e suas sequelas (Anexo 7/Tabela 8).

Dos 1.063 registros de óbito de pessoas que residiam na fazenda Santa Gertrudes no momento da morte, 36% eram de crianças entre 0 e 1 ano de idade, destes, 15% eram de bebês que não sobreviveram aos 28 dias do nascimento, ou seja, ao chamado período neonatal; 25% eram de crianças com idades entre 1 e 4 anos, ou seja, mais de 60% dos óbitos ocorridos no período analisado atingiram crianças entre 0 e 4 anos de idade, uma porcentagem menor que a obtida para o bairro do Brás da cidade de São Paulo. Nesse bairro, entre 1896 e 1904, 75% dos óbitos foram de crianças de 0 a 4 anos de idade (Bassanezi, 2018).

Na fazenda Santa Gertrudes, aos óbitos de crianças juntavam-se pouco mais de 5% de natimortos, crianças geradas, mas que não viram a luz, pois nasceram mortas.

Nessa fazenda, as pessoas morriam das mais diversas causas, mas algumas dessas causas matavam muito mais que outras. Cerca de um quinto dos óbitos ocorridos na fazenda pode ser classificado como "doença mal definida" (pois foram registrados sem informar a exata causa da morte) estando entre eles, sobretudo, os casos que foram anotados como "morte natural".

As crianças entre 0 e 28 dias morriam principalmente por debilidade congênita. É provável que muitos óbitos registrados como "morte natural" tenham ocorrido em razão dessa debilidade. A eles somavam-se os falecimentos causados por tétano da primeira infância, conhecido como "mal dos sete dias", que ceifava a vida de cerca de um quinto dos recém-nascidos (Anexo 7/Tabela 9).

O fato de as mães trabalharem arduamente durante a gestação até o momento do parto, que muitas vezes ocorria em péssimas condições de conforto, de higiene e sem assistência adequada, contribuía também para as mortes de bebês.

Muitas das crianças que conseguiam sobreviver ao período neonatal não chegavam a completar seu primeiro ano de vida. E entre aquelas que sobreviviam ao seu primeiro aniversário, muitas não alcançavam os 4 anos de idade. Elas eram vítimas, principalmente, de moléstias do aparelho digestivo (gastroenterite, enterocolite) causadas normalmente por ingestão de alimentos e água contaminados ou por alimentos inadequados para a idade servidos a elas. Em ordem decrescente de grandeza vinham os óbitos causados por doenças endêmicas, epidêmicas e infecciosas e afecções do aparelho respiratório (Anexo 7/Tabela 10).

As crianças que conseguiam chegar aos 5 anos de idade, desenvolvendo nesse período resistência a muitas enfermidades, viam então aumentar sua chance de sobreviver à idade adulta.

As mortes ocorridas nas faixas etárias consideradas produtivas, entre 15 e 49 anos de idade, correspondiam a pouco mais de um décimo do total. As que aconteciam a partir de 50 anos de idade aumentavam em números absolutos à medida que as pessoas iam envelhecendo. Entre o primeiro grupo, predominavam os óbitos por doenças endêmicas, epidêmicas e infecciosas (principalmente tuberculose), e as afecções do aparelho respiratório (com predomínio da pneumonia). Entre o segundo grupo, as afecções do aparelho circulatório e marasmo senil, anotado nos registros como "velhice" (Anexo 7/Tabela 11).

Os meses de verão concentravam quase a metade dos óbitos ocorridos na fazenda, como acontecia em quase todo território paulista. O clima mais quente contribuía para a proliferação de micróbios responsáveis por doenças do aparelho digestivo e por doenças infecciosas, que causavam a maioria dos óbitos das crianças. Tais doenças continuavam ceifando vidas durante todo o ano, mesmo no outono e no inverno, quando o número dos óbitos na fazenda em geral declinava e as quedas de temperatura elevavam, então, a incidência de mortes por tuberculose e por enfermidades do aparelho respiratório, como bronquite, broncopneumonia e pneumonia (Anexo 8/Gráfico 4).

Todos esses indicadores apontam que, mesmo na fazenda Santa Gertrudes, tida na época como "fazenda modelo" e onde a partir de 1903 os colonos puderam contar com a presença do médico, pelo menos periodicamente a incidência de doenças e de morte entre os trabalhadores não destoava muito do que imperava no Velho Oeste paulista na mesma época.

A história contada

Nas páginas deste livro, uma história relevante foi contada. E, como toda boa história, com muitas faces, intersecções e desdobramentos. Marcada pelo contexto mundial de expansão do capitalismo – que fez com que excedentes populacionais fossem conduzidos às migrações oceânicas – e pelo contexto nacional brasileiro – que procurava atender ao crescente mercado internacional do café com a ampliação da lavoura em terras paulistas, a utilização de mão de obra livre e a intensificação da mobilidade espacial por meio da rede ferroviária. Sonhos de uma vida mais bem acalentados por camponeses imigrantes se entrecruzaram com políticas governamentais e interesses de fazendeiros empreendedores. Micro-história e macro-história sempre, em interação.

Para contá-la com maior riqueza de detalhes que aprimoram o olhar científico, uma fazenda modelo, a Santa Gertrudes, que chegou a ilustrar a propaganda brasileira do café e de atração de mão de obra na Europa, foi escolhida como cenário. A partir daí, foram analisados o espaço e a organização do trabalho nessa fazenda, com destaque para o funcionamento do sistema de colonato, com suas vantagens e desvantagens para a produção, assim como para patrões e empregados. Entre os trabalhadores observados: estrangeiros e nacionais, colonos e avulsos.

Aqui também ganhou destaque a mobilidade dos trabalhadores, os percalços, as epidemias, as crises ambientais, de superprodução, de escassez de mão de obra (e busca por alternativas), que afetaram a fazenda e seus moradores ao longo do tempo. Os desafios enfrentados por trabalhadores e proprietários e suas respostas a eles, em situações específicas e no desenrolar dos acontecimentos – com ganhos e perdas, harmonias e tensões decorrentes do conflito de interesses – receberam no livro atenção.

Indivíduos e famílias trabalhadoras também ganharam aqui os holofotes. Suas escolhas (ou sua falta de escolha), seu trabalho, seu cotidiano foram retratados em diversos aspectos. Desde as estruturas socioculturais e simbólicas que os imigrantes trouxeram de suas terras de origem (e que o ambiente da fazenda ajudou ou não a preservar) até as dinâmicas internas das famílias, com seus valores, preconceitos e alianças (antigas e novas, que sempre que possível priorizaram as afinidades étnicas). Desde a faina de sol a sol até o tempo reservado ao lazer e à devoção religiosa. Desde o dia a dia, em que ganham relevo questões como alimentar-se, vestir-se, abrigar-se, manter-se saudável, até os momentos de mudança significativa, como o de estabelecer laços de matrimônio e de parentesco espiritual ou o de decidir ficar ou partir da fazenda. Nascimentos, batizados, doenças e morte no contexto da propriedade cafeeira foram lembrados e destrinchados nestas páginas, que também mostraram mudanças nos planos familiares, frustrações e conquistas. Famílias que cresceram, multiplicaram-se e se adaptaram de diversas formas à nova realidade.

Na descrição do cotidiano vivido pelos trabalhadores na Santa Gertrudes, foram iluminadas questões étnicas, etárias, de poder e de gênero. Nas relações familiares, ficou claro que o chefe dominava sobre os demais membros da família, o homem sobre a mulher, os mais velhos sobre os mais jovens. Os interesses familiares sobrepujavam as ambições individuais. As ideias relativas à infância, ao trabalho infantil, à educação dos filhos eram também distintas nessa época, e estavam sujeitas às condições de vida e necessidades das famílias trabalhadoras, como foi mostrado aqui. A hierarquia de gênero favorecia os homens quando era um valor que as mulheres se submetessem à vontade do pai ou do marido; que fossem morar com a família do esposo ao casar; que não recebessem instrução, aprendendo a "ler e escrever", da mesma forma que os homens; que não tivessem as mesmas oportunidades de descanso e lazer que seus companheiros. Por outro lado, o estereótipo da "mulher frágil" foi desmistificado com a constatação de que as colonas trabalhavam duro nas tarefas domésticas, na roça e no cafezal.

No retrato das relações de trabalho, ficou evidente o desequilíbrio em favor do proprietário no contrato assinado com o colono (que embutia o trabalho de todos os membros da família, incluindo as crianças), nas multas aplicadas pelos administradores, diretores e fiscais, na postura de recrutadores de mão de obra, de autoridades policiais e religiosas, pendendo invariavelmente para o lado dos patrões em detrimento dos empregados. Por vezes, os trabalhadores resistiram como ficou evidente nas menções a ameaças de para-lisação, reivindicações diversas e fugas, que rompiam contratos e deixavam dívidas não pagas. Em outros momentos, atitudes paternalistas do fazendeiro, com a ajuda da Igreja, amenizaram eventuais conflitos e aju-daram a fixar muitos trabalhadores na fazenda.

A vida dos trabalhadores na Santa Gertrudes, em muitos aspectos, pode ser generalizada para todas as grandes fazendas, uma vez que as condições que mar-caram a cafeicultura do Velho Oeste paulista, no pe-ríodo, eram bastante semelhantes. Outros aspectos, no entanto, foram específicos dessa fazenda, como o usufruto de moradias consideradas "boas" para os pa-drões da época, oportunidades para festas e diversões tipicamente citadinas e a assistência religiosa relati-vamente frequente e em uma capela local – tudo isso não era muito comum em outras fazendas. A partir de determinado momento, os trabalhadores da Santa Gertrudes puderam contar ainda com a presença pe-riódica de um médico, muito embora a mortalidade infantil e adulta permanecesse bastante alta em razão das condições objetivas da vida precária do trabalha-dor. O proprietário, que se empenhou para tornar a Santa Gertrudes fazenda modelo e mostrar aos visitan-tes que se preocupava com seus empregados, pouco contribuiu para evitar que eles sofressem muitas das agruras que marcaram a vida dos trabalhadores do café em terras paulistas.

Evidentemente, o sonho do trabalhador de tornar-se proprietário de terra foi instrumentalizado para atrair gente para a faina do café. Ele acabou sendo realizado por poucos, muito poucos. Isso não quer dizer que, para boa parcela dos imigrantes (e migrantes nordestinos), a vida não tenha melhorado. Depois de galgar o degrau da fazenda, vários foram para a cidade ganhar a vida no comércio, no beneficiamento de cereais, em pequenas oficinas.

Neste livro, foi possível vislumbrar tristezas, melancolias, desânimos e saudades que marcaram a vida dos trabalhadores do café. Sonhos não conquistados e desventuras como a morte, a loucura, o alcoolismo e as doenças que grassavam nas terras paulistas de então. Ele também trouxe um pouco das alegrias do reencontro com parentes e conterrâneos, dos laços estabelecidos com amigos e compadres, da conquista de uma poupança (e, para alguns, de uma terra própria), enfim, de uma vida melhor na terra onde para muitos dos imigrantes, pelo menos, "se comia".

Referências bibliográficas

ALVIM, Z. *Brava gente*. São Paulo: Brasiliense, 1986.

ANDREAZZA, Maria Luiza. *O paraíso de delícias*: um estudo da imigração ucrania-na, 1895-1995. Curitiba: Aos Quatro Ventos, 1999.

AZZI, Riolando. *A Igreja e os imigrantes*. São Paulo: Paulinas, 1988, v. II.

BAENINGER, Rosana; BASSANEZI, Maria Sílvia C. Beozzo. São Paulo: transição demográfica e migrações. In: ODÁLIA, Nilo; CALDERIA, João R. de Castro (orgs.). *História do estado de São Paulo:* a formação da unidade paulista. São Paulo: Editora Unesp/Imprensa Oficial; Arquivo Público do Estado, 2010, v. 3, pp. 153-68.

BALÁN, Jorge. "Migrações e desenvolvimento capitalista no Brasil". *Estudos Cebrap*. São Paulo, n. 5, 1973, pp. 5-80.

BALHANA, Altiva P. *Famílias coloniais*: fecundidade e descendência. Curitiba: A. M. Cavalcanti, 1977.

BARBAGLI, Marzio. *Sotto lo stesso teto, mutamente dela famiglia in Italia dal XV ao XX secolo*. Milano: Società Editrice il Mulino, 1996.

_____; KERTZER, David. I. "An Introduction to the History of Italian Family Life". *Journal of Family History*. v. 15, n. 4, 1990, pp. 369-83.

BASSANEZI, Maria Sílvia C. Beozzo. *Fazenda Santa Gertrudes:* uma abordagem quantitativa das relações de trabalho em uma propriedade rural paulis-ta 1895-1930. Rio Claro, 1974. Tese (Doutorado) – Universidade Estadual Paulista, *campus* de Rio Claro (antiga Faculdade de filosofia, Ciências e Letras de Rio Claro).

_____. "Absorção e mobilidade da força de trabalho numa propriedade ru-ral paulista. 1890-1930". *Café – Anais do Congresso de História*. São Paulo, II, 1975, pp. 241-64.

_____. "Família e força de trabalho no colonato: subsídios para a compreen-são da dinâmica demográfica no período cafeeiro". *Textos Nepo*. Campinas, Nepo/Unicamp, n. 8, 1986a.

_____. "Notas acerca da Igreja e religião na fazenda de café paulista". *Encontro Nacional da Cehila - Terra e Igreja*. Goiânia, 1986b.

_____. "O casamento na colônia no tempo do café". *Anais do VI Encontro Nacional de Estudos Populacionais*. Olinda, 1988, pp. 109-54.

_____. "A nupcialidade no período do café: o caso de Rio Claro". *Relatório de Pesquisa CNPq*. Campinas: Nepo/Unicamp, 1990.

_____. Imigrações internacionais no Brasil: um panorama histórico. In: PATARRA, Neide L. (coord.). *Emigração e imigração internacionais no Brasil contemporâneo*. São Paulo: FNUAP, 1995, pp. 1-38.

_____. Santo Codo (1861-1942), an Italian Immigratant on a Brazilian Coffee Plantation. In: BAILY, Samuel. L.; MÍGUEZ, Eduardo J. (eds.). *Mass Migration to Modern Latin America*. Wilmington, Delaware: Jaguar Books on Latin America, 2003a, n. 24, pp. 221-26.

_____. Family and immigration. In: BAILY, Samuel. L.; MÍGUEZ, E. J. (eds.). *Mass Migration to Modern Latin America*. Wilmington, Delaware: Jaguar Books on Latin America, 2003b, n. 24, pp. 263-77.

_____; SCOTT, Ana Silvia V. Criança e jovem *oriundi* na terra do café, no final do século XIX. In: RADIN, José Carlos (org.). *Cultura e identidade italiana no Brasil:* algumas abordagens. Joaçaba: Unoesc; Editora Maria do Cais, 2005, pp. 141-62.

_____. Famílias em movimento. Cônjuges e compadres. São Paulo (Brasil) 1890-1930. In: GHIRARDI, Monica; CHACÓN JIMÉNEZ, Francisco (eds.). *Dinámicas familiares en el contexto de los bicentenários latino-americanos*. Córdoba: Ciecs, 2010, pp. 243-73.

_____. Mulheres que vêm, mulheres que vão. In: PINSKY, Carla B.; PEDRO, Joana M. (orgs.). *Nova história das mulheres no Brasil*. São Paulo: Contexto, 2012a, pp. 169-93.

_____. Imigração internacional e dinâmica demográfica no tempo de café. In: TEIXEIRA, Paulo E.; BRAGA, Antonio M. da C.; BAENINGER, Rosana A. (orgs.). *Migrações*: implicações passadas, presentes e futuras. Marilia; São Paulo: Oficina Universitária; Cultura Acadêmica, 2012b, v. 1, pp. 85-119.

_____. "Los colonos del café y los nombres de sus hijos". *X Congresso Asociación de Demografia Histórica*. Albacete, España: Universidad de Castilla – La Mancha, jun. 2013a.

_____. "Una mirada sobre la familia emigrante/inmigrante, sobre sus crisis y superaciones". *Workshop Crisis familiares y cambio social en la Europa rural, en perspectiva comparada, siglos XVIII-XIX*. Seminário de História Social de Población. Albacete, España: Universidad de Castilla-La Mancha, jun. 2013b.

_____. Crianças imigrantes e crianças geradas de ventres imigrantes em terra brasileira. In: BAENINGER, Rosana A.; DEDECCA, Claudio S. (orgs.). *Processos migratórios no estado de São Paulo:* estudos temáticos (por dentro do estado de São Paulo). Campinas: Nepo/Unicamp, 2013c, v. 10, pp. 63-72.

_____. "Imigração e mortalidade na terra da garoa. São Paulo, final do século XIX e primeiras décadas do século XX". *XIX Encontro Nacional de Estudos Populacionais*. São Pedro, 2014.

_____. "Da aldeia à fazenda: raízes culturais e imigração". *VIII Congreso Consejo Europeo de Investigaciones Sociales en América Latina*. Salamanca: Universidad de Salamanca, 2016.

_____. "A mortalidade em tempos de ventura e desventura: o Brás na virada do século XIX para o século XX". *Resgate, Revista Interdisciplinar de Cultura*. Campinas, v. 26, n. 1[35], 2018, pp. 117-32, jan./jun. (revista eletrônica).

BEOZZO, José Oscar. As igrejas e a imigração. In: DREHER, Martin. *Imigrações e a história da igreja no Brasil*. Aparecida: Editora Santuário, 1993, pp. 9-64.

BROTERO, Frederico de B. *A família Jordão e seus afins (aditamentos a Silva Leme)*. São Paulo: [s. n.], 1948.

CAMARGO, Candido P. F. de. *Igreja e desenvolvimento*. São Paulo: Editora Brasileira de Ciências, 1971.

CAMILO, Nathan. *Feliz o homem que deixa um bom nome*: práticas de nomeação e apadrinhamento na freguesia de Nossa Senhora da Madre de Deus de Porto Alegre (1772-1810). São Leopoldo, 2011. Trabalho de Conclusão de Curso – Universidade do Vale do Rio dos Sinos.

CAMPOS, Teodoro de S. Titulares do Império. In: *Monografia histórica do município de Campinas*. Campinas: Câmara Municipal de Campinas, 1952, pp. 256 e seg.

CANDIDO, Antonio. *Os parceiros do Rio Bonito*: estudo sobre o caipira paulista e a transformação dos seus meios de vida. Rio de Janeiro: José Olimpio, 1964.

CARDOSO, Jaime; NADALIN, Sergio O. "Os meses e os dias de casamentos no Paraná, séculos XVIII, XIX e XX". *História: Questões e Debates*, v. 5, 1982, pp. 105-30.

CASTRO, Jeanne B. de; BAIOCCO, Sebastião. "Inventário de uma fazenda paulista: Santa Gertrudes (1885-1961)". *Anais do IV Simpósio Nacional dos Professores Universitários de História*. São Paulo: USP, 1969.

COSTA, Emília V. da. *Da senzala à colônia*. São Paulo: Difusão Europeia do Livro, 1966.

DAVATZ, Thomaz. *Memórias de um colono no Brasil (1850)*. São Paulo: Livraria Martins, 1941.

DEAN, Warren. *A industrialização em São Paulo*. São Paulo: Difusão Europeia do Livro, 1971.

_____. *Rio Claro. Um sistema brasileiro de grande lavoura*. Rio de Janeiro: Paz e Terra, 1977.

DENIS, Pierre. *Le Brésil au XX siécle*. 4. ed. Paris: Armand Colin, 1911.

DURHAM, Eunice. *Assimilação e mobilidade*: a história do imigrante italiano num município paulista. São Paulo: IEB, 1966.

FAUSTO, Boris. *Historiografia da imigração para São Paulo*. São Paulo: Sumaré, 1991.

FRANZINA, Emilio. *A grande imigração*: o êxodo dos italianos do Vêneto para o Brasil. Campinas: Editora da Unicamp, 2006.

FRESCURA, Bernardino. *Guida dello stato di San Paolo, nel Brasile*. Piacenza: Tip. Faveri, 1904.

GRAFFE, Louis A. *Visions du Brésil*. Paris: Ailland, Alves & Cia., 1912.

GRAHAM, Douglas H. "Migração estrangeira e a questão da oferta de mão-de-obra no crescimento econômico brasileiro: 1880-1930". *Estudos Econômicos*, v. 3, n. 1, 1973, pp. 7-64.

_____; HOLLANDA FILHO, Sergio Buarque de. *Migration Regional and Urban Growth and Development in Brazil*: Seletive Analysis of the Historical Record, 1872-1970. São Paulo, Instituto de Pesquisas Econômicas/USP, 1971, v. 1.

GUDEMAN, Stephen; SWARTZ, Stuart. Purgando o pecado original: compadrio e batismo de escravos na Bahia no século XVIII. In: REIS, João J. *Escravidão e invenção da liberdade*: estudos sobre o negro no Brasil. São Paulo: Brasiliense, 1988, pp. 33-59.

GUIMARÃES, A. Prado "O primeiro presidente da Rural". *Rural, Revista da Sociedade Rural Brasileira*, ano XL, n. 476, dez. 1970, p. 29.

HAKKERT, Ralph A. "A fecundidade no colonato de São Paulo no início do século XX. Uma aplicação do método dos filhos próprios". *Textos Nepo*. Campinas, Nepo/Unicamp, n. 7, 1986.

HAIMESTER, Martha D. *Para dar calor à nova povoação*: estudo sobre as estratégias sociais e familiares a partir dos registros batismais da Vila do Rio Grande (1738-1963). Rio de Janeiro, 2006. Tese (Doutorado) – Universidade Federal do Rio de Janeiro.

HOLANDA, Sergio B. de. As colônias de parceria. In: _____. *História da civilização brasileira*. São Paulo: Difusão Europeia do Livro, 1967, t. II, v. 3, pp. 245-60.

HOLLOWAY, Thomas. *Imigrantes para o café*. São Paulo: Paz e Terra, 1984.

IL BRASILE E GLI ITALIANI. *A cura di Vitaliano Rotelleni*. Firenze: R. Bemporad & figlio, 1906.

LEITE, Sarah A. *Le donne immigrante*: famiglia, lavoro, vita. (as italianas em Franca, 1900-1934). Franca, 2000. Dissertação (Mestrado) – Faculdade de Direito, História e Serviço Social, Departamento de História, Universidade Estadual Paulista.

LEVY, Maria Stella. "O papel da migração internacional na evolução da população brasileira (1872-1972)". *Revista de Saúde Pública*. São Paulo, 8 (supl.), 1974, pp. 49-90.

LITTLE, George F. G. *Fazenda Cambuhy*: a Case History of Social and Economic Development in the Interior of São Paulo, Brazil. Florida, 1960. Thesis (PhD) – University of Florida.

LIVI-BACCI, Massimo. *Historia de la población europea*. Barcelona: Crítica, 1999.

MAISTRELLO, Guido. Fazendas de café – costumes. In: RAMOS, Arthur. *O café no Brasil e no estrangeir*o. Rio de Janeiro: Pap. Santa Helena, 1923, pp. 553-74.

MARTINS, José de S. *O cativeiro da terra*. São Paulo: Livraria Ed. Ciências Humanas, 1979.

MORAES, Rubens B. Prefácio. In: SAINT HILAIRE, Auguste de. *Viagem à província de São Paulo*. São Paulo: Livraria Martins, 1972, pp. XVII- XXVIII.

MOTTA SO., Alves. *A civilização do café (1820-1920)*. São Paulo: Brasiliense, s. d.

NADALIN, S. O. Construção de uma cultura imigrante: comportamentos demográficos numa paróquia de origem germânica em Curitiba – séculos XIX e XX. In: CELTON, D.; MIRÓ, C.; ALBORNOZ, N. S. *Cambios demográficos en América Latina*: la experiencia de cinco siglos. Cordoba: Universidad Nacional de Cordoba/International Union for the Scientific Study of Population, 1998.

OTERO, Hernán. Redes sociales primarias, movilidad espacial e inserción social de los inmigrantes en la Argentina. Los franceses de Tandil, 1850-1914. In: BJERG, Maria; OTERO, Hernán (eds.). *Inmigración y redes sociales en la Argentina moderna*. Tandil: Cemla- IEHS, 1995, pp. 81-105.

PESCIOLINI, Veronese. "I coloni italiani nelle fazendas dello stato di S. Paolo del Brasile". *Italica Gens*, anno I, n. 7-8, ago./sett. 1910, pp. 315-25.

PICCAROLO, A. *L'emigrazione italiana nello stato di S. Paolo*. São Paulo: Livraria Magalhães, 1911.

PIERACCINI, Gaetano. "Estratto della relazione demografico-igienico-sanitaria". *Bolletino dell'Emigrazione*, Ministero degli Affari Esteri, anno XII, 1913, pp. 106-25.

PIGNATARO, Lícia C. *Imigrantes italianos em Rio Claro e seus descendentes*. Rio Claro: Arquivo Público e Histórico do Município/Imprensa Oficial do Estado de São Paulo, 1982, pp. 65-89.

RAMOS, Donald. "Teias sagradas e profanas". *Varia Historia*, v. 20, n. 31, jan. 2004, pp. 41-68.

REHER, David S. Lazos familiares en la Europa Occidental: una lección de contrastes. In: DURÁN, Margarida A. et al. (orgs.). *Estrutura y cambio social*. Madrid: Centro de Investigaciones Sociológicas, 2001, pp. 314-46.

RETTAROLI, R. "Age at Marriage in Nineteenth Century Italy". *Journal of Family History*. California, v. 15, n. 4, 1990, pp. 409-25.

ROSSI, Adolpho. "Condicioni dei coloni italiani nello stato de S. Paolo del Brasile". *Bolletino dell'emigrazione*. Roma, Tipografia Nazionale di G. Bertero e C., anno 1902, n. 7, 1902, pp. 1-87.

ROWLAND, R. Sistemas matrimoniales en la península ibérica (siglos XVI-XIX): Una perspectiva regional. In: PEREZ MOREDA, Vicente; REHER, David. S. (orgs.). *La demografía histórica*. Madrid: Tecnos, 1986, pp. 72-137.

SALLUM JR., Basílio. *Capitalismo e cafeicultura*. São Paulo: Duas Cidades, 1982.

SÃO PAULO. *Relatório da Secretaria da Agricultura, Commercio e Obras Publicas*, 1897.

_____. *Relatório da Secretaria da Agricultura, Commercio e Obras Publicas*, 1912-1913.

SCARPIM, Fábio A. *Bens simbólicos em laços de pertencimento*: família, religiosidade e identidade étnica nas práticas de transmissão de nomes de batismo de um grupo de imigrantes italianos (Campo Largo – PR, 1878-1937). Curitiba, 2010. Dissertação (Mestrado) – Universidade Federal do Paraná.

SEGALEN, Martine. Mentalité populaire et marriage em Europe Occidentale. In: DUPAQUIER, Jacques et al. *Marriage and Remarriage in Populations of the Past*. London: Academic Press, 1981, I, 4, pp. 67-77.

STEIN, Stanley J. *Grandeza e decadência do café*. São Paulo: Brasiliense, 1961.

STINCHCOMBE, Arthur L. Classes sociais no meio rural. In: SZMECSÁNYI, Tamás; QUEDA, Ariovaldo (eds.). *Vida rural e mudança social*. São Paulo: Companhia Editora Nacional, 1973, pp. 48-69.

STOLKE, Verena. *Cafeicultura, homens e mulheres e capital (1850-1980)*. São Paulo: Brasiliense, 1986.

TAUNAY, Afonso d'E. *História do café no Brasil*. Rio de Janeiro: Depto. Nacional do Café, 1939-1943, v. XV.

TUOZZI, Alberto "La tutela giuridica del colono nello stato in São Paolo (Brasile). Il patronato agricolo". *Bolletino dell Emigrazione*, anno XII, n. 10, 1913, pp. 63-9.

TRENTO, Angelo. *Do outro lado do Atlântico*: um século da imigração italiana no Brasil. São Paulo: Nobel; Instituto Italiano de Cultura de São Paulo; Instituto Cultural Ítalo-Brasileiro, 1988.

VANGELISTA, Chiara. *Le braccia per la fazenda (immigratti e "capiras" nella formazione del mercato del lavoro paulista. 1850-1930)*. Milano: Franco Angeli Editore, 1982.

VENÂNCIO, Renato P. A madrinha ausente – condição feminina no Rio de Janeiro (1750-1800). In: COSTA, Iraci D. N. *Brasil*: história econômica e demográfica. São Paulo: IPE/USP, 1986, pp. 101-11.

WITTER, José José Sebastião. *Um estabelecimento agrícola do estado de São Paulo nos meados do século XIX*. São Paulo: Coleção Revista de História, 1974.

_____. *Ibicaba, uma experiência pioneira*. São Paulo: Edições Arquivo do Estado, 1982.

ZETTERY, A. de. "I coloni italiani dello stato de San Paolo". *Rassegna Nazionale*. Firenze, LXV (272), mar./apr., 1893, pp. 59-96.

Anexos

ANEXO 1
FONTES

No acervo produzido pela fazenda Santa Gertrudes[37] foram pesquisados os livros: Copiador, Conta-Corrente, Registro do Café Entregue aos Colonos, Livro de Registro de Batismo, descritos a seguir.

Copiador, volume encadernado com 500 folhas em papel de seda manuscritas, nas quais estão registrados minuciosamente todos os acontecimentos de cada dia da fazenda: atividades desenvolvidas pelos trabalhadores, visitas, óbitos, atentados, cerimônias religiosas, geadas, nuvens de gafanhoto, incêndios, demais eventos e a correspondência emitida. Foram levantadas informações de 56 livros desse tipo, relativos aos anos de 1895 a 1930.

Conta-Corrente, livro manuscrito com o resumo do Deve-Haver de cada trabalhador – em se tratando de colonos, este livro registra o número de pés de café tratados, o volume de grãos colhidos e os devidos valores em réis, no caso dos outros empregados o salário mensal e seus valores em réis. Para todos indistintamente estão registradas as atividades extras remuneradas, os produtos comprados na fazenda ou vendidos a ela, as consultas médicas realizadas e medicamentos adquiridos pelo trabalhador, as multas impostas a ele, as esmolas que doavam e seu destinatário e seus valores em réis etc. Foram consultados 29 volumes relativos a 1895 a 1930.

Registro do Café Entregue aos Colonos (1909-1918), este livro contém para cada ano o nome do chefe da família, o número de pessoas da família, o número de pessoas aptas ao trabalho, o número de pés de café sob os cuidados da família colona. No acervo da fazenda foi encontrado apenas um livro desse tipo, com informações relativas ao período 1909-1919

---

[37] J. B. Castro e S. Baiocco, S., "Inventário de uma fazenda paulista: Santa Gertrudes (1885-1961)", *Anais do IV Simpósio Nacional dos Professores Universitários de História*, São Paulo, USP, 1969.

Livro de Registro de Batismo da capela da fazenda. Nesse livro estão registrados os batismos realizados na capela da fazenda. A análise aqui empreendida utilizou os registros relativos ao período 1899-1930.

Além do acervo da fazenda, foram levantadas informações na documentação de outras instituições.

Livros de **Matrícula de Imigrantes** da Hospedaria de Imigrantes de São Paulo, nos quais foram resgatadas as matrículas em que constam explicitamente como destino do imigrante o nome da fazenda ou de seu proprietário. Nesses livros foram resgatadas 63 famílias italianas entre 1897 e 1902, 30 famílias europeias (10 italianas, 9 austríacas, 5 portuguesas, 6 espanholas), entre 1903-1914 e ainda 132 famílias cearenses em 1920. Centenas de outras famílias certamente saíram da Hospedaria com destino à Santa Gertrudes, mas os livros registram apenas o nome da estação ferroviária em que os imigrantes chegavam para o trabalho.

Atas de casamento e de óbito do Registro Civil de Rio Claro e de Santa Gertrudes de 1890 a 1930,[38] nas quais está anotado expressamente que os indivíduos envolvidos tinham como local de residência a fazenda, no momento do casamento ou do óbito. Foram resgatados 353 casamentos em que os dois cônjuges (274 casos) ou pelo mesmo um dos cônjuges (79 casos) residiam na fazenda no instante do casamento. Certamente, muitos outros casamentos aconteceram entre os trabalhadores dessa fazenda na época, mas em seus registros encontra-se anotado somente "residente neste município", sem maiores especificações quanto ao local exato da residência. Também foram resgatados 1.063 registros de óbitos de pessoas falecidas na fazenda no período.

---

[38] Através de cruzamento nominativo com outras fontes da fazenda (livros Copiadores e Conta-Corrente) foi possível resgatar alguns outros registros de casamento de trabalhadores que passaram por essa propriedade rural em algum momento.

Outros: registro de compra de terras pelo proprietário da fazenda e documentos avulsos resgatados em arquivos e bibliotecas públicas e particulares do Brasil e do exterior.[39] Completando, foi analisada uma série de **entrevistas** realizadas entre os anos de 1969 a 1973 com os proprietários e com o responsável pelo escritório da fazenda, com antigos trabalhadores e/ou seus descendentes. Esse testemunho oral muito contribuiu para preencher lacunas nos caminhos e nas teias que envolveram o cotidiano da fazenda e de seus trabalhadores.

---

[39] As referências aos documentos levantados nos anos 1969 a 1973 conservam a localização onde esses documentos se encontravam nos arquivos na época.

ANEXO 2
INCORPORAÇÃO DA CAPELA DA FAZENDA
À SANTA IGREJA LATERATENSE [SIC][40]

A SANCTA EGREJA LATERATENSE DE TODAS AS EGREJAS
DA CIDADE E DO ORBE CATHOLICO MÃE E CABEÇA

CABIDO E CONEGOS DA SANCTA EGREJA LATERATENSE

Ao nosso muito amado em Jesus Christo, Illm. Snr. Eduardo Prates da cidade de São Paulo e Diocese e na República Brasileira, desejamos a salvação eterna no Senhor.

A singular e religiosa afeição que mostrais ter à Nossa Sancta Egreja Lateratense muito merece que nós, por quanto nol-o permite a benignidade da Sé Apostólica annuimos favoravelmente aos desejos que acabais de nos patentear; desejos que visam ao incremento do culto divino e á salvação das almas.

Da exposição que nos fizestes dos vossos votos, infere-se que vós impelido pelo amor ao salvador Nosso Senhor Jesus Christo, aos Sanctos João Baptista e Evangelista e á Sancta Nossa Egreja Lateratense, consagrada aos mesmos, ardentemente desejais aggregar, submeter, unir ou incorporar á Nossa Egreja Lateratense a vossa Capella publica dedicada as "Sancta Gertrudes" – sita no, lugar vulgarmente denominado – Rio Claro – da mesma Diocese, no intuito de alcançardes de nós para a vossa Capella publica a comunicação de todas as Indulgências e graças espirituaes outorgadas por concessão pontificia à Nossa Basílica. Por isso é que nos haveis humildemente supplicado.

Nós, portanto a esta piedosa supplica, reconhecendo que é e sera de grande utilidade para as almas dos fiéis e sempre favoráveis a semelhantes rogos com o Illm. e Revmo. Senhor Paulo de Sanctis, Arcebispo sardinense, e com o

---

[40] Cópia traduzida do documento que se encontrava no início dos anos 1970 enquadrado e pendurado na sacristia da capela da fazenda Santa Gertrudes.

Exmo. E Revmo. Senhor Francisco Satolli Titular de Sancta Maria Maior em Aracelli, e Cardeal da Sancta Egreja Romana e com o Vigário do Arcipreste da Sancta Egreja Lateratense, em o nosso patriarchado papa Materanence de Roma, como é de costume capitularmente congregados, por nossa autoridade ordinária, que exercemos em virtude dos Indultos e Previlégios Apostólicos, em cuja posse atualmente estamos e principalmente em virtude Benedicta XIV, de feliz memória, confirmou em uma sua especial constituição dada em Sancta Maria Maior aos 6 de maio de 1751, que começa pelas palavras "Assidual Solicitudinis" e no melhor modo que nos é possível, admittimos a mencionada aggregação, submissão, união ou incorporação no intuito predicto da Capella publica dedicada á "Santa Gertrudes" no lugar vulgarmente denominado – Rio Claro – da mesma Diocese e recebemos a dita Capella publica como membro de Nossa Sancta Basílica de conformidade com as faculdades que nos autorgaram os summos Pontífices Romanos e dos decretos do Sancto Concílio Tridentino e das Constituições Pontificiais de sorte que todos os fiéis de ambos os sexos que visitarem com as devidas disposições a sobre a dicta Capella, possam, fruir, usar e lucrar as abaixo expostas indulgências e graças espirituais como se pessoalmente visitassem a mesma nossa Basílica Lateratense.

– "Theor e Summario das Indulgencias" –

Nas festividades da Ascenção de Nosso Senhor Jesus Christo da Natividade e de S. João Baptista, dos Sanctos Apostolos Pedro e Paulo, de S. João Evangelista e da dedicação da Basílica Lateratense, no praso que vae das primeiras Vesperas até o por do sol, lucrarão Indulgencias todos os fiéis que se apresentarem munidos de confissão e comunhão.

N'esses dias todos que visitarem a sobredicta Capella e ali mesmo elevarem á Deus ferventes preces pela exaltação da Sancta Egreja pela extirpação das heresias e pela concórdia dos príncipes christãos lucrarão em qualquer dos mencionados dias, Indulgencia Plenaria e remissão de todos os seus pecados.

Nas outras festas dos Apostolos, a saber de S. André, S. Thiago, S Thomé, dos Santos Phelippe e Thiago, S. Bartolomeu, S. Matheus, S. Simão, S. Judas e S. Mathias todos os fiéis que arrependidos e confessados cumprirem com o que vai exposta acima lucrarão sete anos de Indulgencias e outras tantas quarentenas.

Todos os fiéis que desde a primeira Dominga do Advento até a festa da natividade de Nosso Senhor Jesus Christo e desde a quarta-feira de Cinzas até a Resurreição de Nosso Senhor, sinceramente arrependidos e com propósito de ao menos se confessarem, fizerem a dicta visita e rezarem como acima foi dicto, lucrarão cada dia que isso fizerem quatro anos e outras tantas quarentenas.

Nos mais dias do ano poderão lucrar cem dias de indulgencia relativamente á penitencias impostas, ou obter remissão de outras dívidas espirituais por eles mesmos contrahidas.

Finalmente que nos dias das Estações da mesma Egreja Lateratence apontadas no missal Romano á saber na Primeira Dominga da Quaresma, no Domingo de Ramos na festa de Corpus Christi, no Sabbado Sancto, no sabbado in Albis, na terça feira das rogações, e no sabbado vespera de Pentecostes, fizeram a sobre dicta visita e orarem com sentimentos de arrependimento e com Proposito de Confissão ganharão como si pessoalmente visitarem a Egreja Lateratense, as mesmas indulgencias Estacionaes, que lucrarão as pessoas que visitam nos mesmos dias em Roma.

Todas essas Indulgencias e outras graças espirituais de que gosa a Nossa Egreja Lateratense, em virtude das mencionadas faculdades concedemos e comunicamos, mediante prévio consentimento do Ordinario da Diocese, á Dicta Capella publica, dedicada á "Sancta Gertrudes" – e sita no lugar vulgarmente denominado Rio Claro, com tanto que ali não se ache, já por nós autorgada, uma semelhante participação de Indulgencia, e que a dicta Capella não esteja agregada á alguma Ordem, Religião, Instituto, Archiconfraria e congregação, da qual possa receber a comunicação ou participação das Indulgencias.

Queremos outrossim para o futuro de 15 em 15 annos a contar de destas letras tanto vos como vossos sucessores requeiras a confirmação d'esta agregação, submissão, união ou incorporação. De outra forma vencendo o prazo para a renovação d'estas letras e não sendo solicitada a dita confirmação a Capella perderá ipso facto todo o direito ao gozo das mencionadas graças espirituais ficando completamente nulla as presentes letras.

Em fé que levamos exposto, mandamos firmar estas mesmas Lettras pelos Revmo. Illms. Srs. Camareiros, e pelo secretario dos nossos Conegos e mandamos sellar com o nosso magno sello capitular na forma do costume. Dado no Paço de Latrão aos vinte do mez de Fevereiro do Anno do Nosso Senhor Jesus Christo de 1900, vigesimo segundo do Pontificado do Nosso Santo Padre pela Divina Providencia Papa Leão XIII. Declaramos também que todas as mencionadas Indulgencias podem ser aplicadas em suffragio ás almas do Purgatório, pelo rescripto do Pontifice Pio VI de Sancta Memoria.

ANEXO 3
CONTRATO DE COLONO

Conde de Prates

Conde de Prates

CONDIÇÕES

A que sujeitam-se os Colonos da FAZENDA de SANTA GERTTRUDES, na Estação Santa Gertrudes, obrigando-se a cumpril-as fielmente, como se todas constassem de um contracto passado regularmente.

CONDIZIONI

Alle quali si assoggettano i Coloni dela FAZENDA "SANTA GERTRUDE", nella stazione Santa Gertrude, obbligandosi a fedelmente osservarle come se si tratasse di um contrato stipulato in forma regolare.

Art. 1º
O Proprietario da Fazenda não adianta dinheiro, salvo o necessário para a alimentação dos recém-chegados.

Art. 1º
Il proprietario della Fazenda non antecipa denaro, salvo il necessário per l'alimentazione dei nuovi arrivati.

Art. 2º
O Colono .... a quem pertence esta Caderneta, trata de .... cafeeiros, obrigando-se a capinal-os convenientemente, dando as carpas que for preciso nos cafeeiros, de modo a conserval-os sempre no limpo, a replantar as folhas, a limpar as árvores, a cortar os galhos secos e quebrados, desbrotal-os, a varrer por baixo das árvores antes da colheita e espelhar a varredura e montes de terra logo que a

Art. 2º
Il Colono .... al quale appartiene questo libretto, si assume la cura di .... piante di café, obbligandosi di pulirlo convenientemente, dalle erbe tante volte, quante sono necessarie, di conservarlo sempre netto, di ripiantare le piante che si avessero a mancare, di potare le piante, o tagliarne i rami secchi o rotti, sfrondarle, scopare sotto gli alberi prima di coglierne i frutti e di spandere le spazzature ed monticoli di terra appena

termine, e obriga-se a colher com cuidado todo o café maduro.

Art. 3º

O Proprietario obriga-se a pagar pelo tratamento annual de mil cafeeiros, tratamento que compreende todo o serviço mencionado no artigo anterior, até o espalhamento da varredura, a quantia de sessenta mil réis, e por cincoenta litros de café entregues no carreador, sem fructa verde, terra, cisco, ou qualquer outro corpo estranho, a quantia de quinhentos réis, obrigando-se o Colono ao serviço de medição.

Art. 4º

O pagamento pelo tratamento do cafezal será feito em cinco prestações, na proporção do adiantamento do serviço, sendo a última depois do espalhamento da varredura.

O pagamento pela colheita será feito mensalmente, ficando vinte por cento de cada pagamento reservado como caução e até sessenta dias depois de terminada a colheita.

Art. 5º

Não se faz pagamento sem a apresentação desta Caderneta,

teerminato il raccolto, e si obbliga a fare il raccolto del café maturo colla maggior diligenza.

Art. 3º

Il Proprietario si obliga a pagare al Colono per la coltivazione annuale di mille piante di café, coltivazione che compreende tutto il servizio accennato, nell'articolo precedente, compressa la spazzatura, la somma di sessenta mila rèis, e per cinquenta litri di café consegnati nel carreador, puliti dalla frutta verde, dalla terra, dalle sozzure e da qualsiasi altro corpo estraneo, la somma di cinquenta rèis, obbligandosi il Colono a fare la misura.

Art. 4º

Il pagamento per la coltivazione del café verrà eseguito in cinque tate, a proporzione che il servizio progredirà, l'última dele quali, dopo spars la spazzatura.

Il pagamento pel raccolto sarà fato ogni mese, dovendo il Colono lasciare il 20 per cento sull'importo d'ogni pagamento a titolo di cauzione, che rimarrà in deposito fino a sessenta giorni dipo terminata la raccolta.

Art. 5º

Non verrà eseguito nessun pagamento senza la presentazione di para nella ser lançado ao mesmo tempo que no livro da Fazenda.

Art. 6º

Os cafeeiros novos levarão tantas capinas quanto for preciso, e em cada uma, deverá o Colono chegar às árvores todo o cisco e esterco existente nas ruas, de modo, a não entupir as covas e nem apertar as árvores devendo também ser feita a replanta das folhas e dos cafeeiros impossibilitados de crescer, sob pena de 1$000 de multa por cada falha que não for replantada, e a cobrir o café quando for tempo.

Art. 7º

As capinas, o varrimento do cafezal, o espalhamento da varredura, os demais serviços e a colheita serão começados em dia designado pelo Proprietario, ou por ele o seu Administrador da Fazenda e serão feitos a seu contento e sem interrupção, salvo por muita chuva, ou moléstia visível, sob pena de multa de 2$000 a 5$000 conforme a gravidade da falta.

quaesto libreto, onde procedere alle registrazioni che in pari tempo saranno fatte sui libri della Fazenda.

Art. 6º

Le piante nuove di caffè devono essere sarchiate tante volte quanto sono necessarie, e ogni volta si dovrà avvicinare a ogni pianta il letame che si trova nei viali, di maniera che non turino le fosse e non rovinino le piante.

Si dovrà anche ripiantare le pianti mancanti e le inservibili, sotto pena di 1$000 rèis per ciascuna pianta mancante.

Si dovrà ancora coprire a tempo le piante di caffè.

Art. 7º

La spazzatura della pianragione di caffè, la dispersione della medesima e la raccolta del frutto verranno incominciente nel giorno indicato dal Proprietario o dal suo Ammistratore e dovranno continuarsi a suo stima e senza interruzione, salvo in caso di molta pioggia o di malattia visibile, sotto pena della multa da 2$000 a 5$000 rèis, in ragione della gravità della mancanza.

Art. 8º

Se o Colono deixar de capinar o cafezal em tempo ou convenientemente, ou que não fizer qualquer dos serviços a que se obrigou nos arts. 2 e 6 depois de avisado por duas vezes, soffrerá a multa de 2$000 a 5$000 repetida semanalmente até que dê começo ao serviço negligenciado.

Art. 9º

Se o Colono não puder fazer em tempo qualquer serviço mencionado nos arts. 2 e 6 o Proprietário o mandará fazer, cobrando do mesmo Colono, se a falta for proveniente de moléstia visível, unicamente o que houver pago a quem o fizer, e se for por desídia, além desta quantia a multa de 5$000 a 10$000.

Art. 10º

O Colono que sem justa causa se retirar da Fazenda, antes de haver terminado o serviço do anno que se determina pelo espalhamento da varredura, perderá a metade do que houver ganho nesse anno.

Art. 8º

Il Colono che trascurasse di mondare convenientemente la piantagione del caffè nel tempo marcato, o che non adempisse a qualunque dei servizi indicati negli articoli 2 e 6, verrà ammonito due volte, e persistendo nella sua rilassatezza, incorrerà nella multa di 2$000 a 5$000 rèis, la quale si repeterà ogni settimana, fino a tanto che abbia dato mano al servizio trascurato.

Art. 9º

Se il Colono non potesse fare in tempo debito qualunque dei servizi indicati negli articoli 2 e 6 per motivi di malattia reale e visibile, il Proprietario potrà farli eseguire a spese del Colono stesso; me se invece questa mancanza al servizio fosse dovuta a pigrizia od trascuratezza, oltre l'importo della spesa del lavoro fatto dagli altri in sua vece, il Colono pagherà la multa da 5$000 a 10$000 rèis.

Art. 10º

Il Colono che senza justa causa si ritirasse dalla Fazenda prima di completare il servizio dell'annata in corso, la quale termina colla dispersione della spazzatura, perderà la metà di quanto avrà guadagnato durante l'anno.

São justas causas para retirada:

1ª Falta de pagamento já vencido;

2ª Enfermidade que o prive de continuar;

3ª Se o Proprietario ou seu Administrador fizer algum ferimento ou der pancada no Colono, ou em pessoa de sua família, injurial-o ou atentar contra a honra de sua mulher ou filha.

Sonno cause justificate per ritirarsi dalla Fazenda:

1ª Mancanza di pagamento già scaduta;

2ª Mallatie che impedissero di continnuare a permanervi;

3ª Maltrattamenti fisici recati dal Proprietario o dal suo Amministratore al Colono od a qualcuno della sua famiglia, come per ingiurie gravi od attentati all'onore du sua moglie e sue figlie.

Art. 11º

Se o Proprietario antes de findar-se o serviço do anno, despedir o Colono sem justa causa, pagará o dobro do que o colono tinha de ganhar pelo serviço do tratamento do cafezal.

São justas causas para despedida.

1º Doença prolongada que impossibilite o trabalho;

2º Mandrice ou continuada negligência do serviço;

3º Embriaguez habitual;

4º Insubordinação ou insujeição a estas condições;

5º Injuria feita ao Proprietario ou a seu representante ou à pessoa de sua família ou da família deste.

Art. 11º

Se il Proprietario licenziasse il Colono senza giusti motivi prima di terminari il servizio dell'anno pagherà il doppio di quanto il colono dovrebbe guadagnare pel servizio della coltivazione della piantagione di caffè.

Sono giusti motivi pel licenziamento del Colono:

1º Malattia prolungasta che non permetta di lavorare;

2º Pigrizia e negligenza nel servizio;

3º Solita ubriachezza

4º Insubordinazione od inosservanza a queste condizioni;

5º Insulti al Proprietario, al suo rappresentante od a membri delle lori famiglie.

Art. 12º

O Colono que quizer retirar-se da Fazenda, dpois

Art. 12º

Il Colono che voglia ritirarsi dalla Fazenda, dopo ultimato il de terminado o serviço do anno, é obrigado a participar ao Proprietario ou ao seu Administrador trinta dias antes de terminar aquelle serviço, e caso não participe, considera-se como querendo ficar mais um anno e sujeito à multa de 20$000 por cada mil cafeeiros ou fração de mil que tratar, caso se retire.

servizio dell'annata in corso, è obbligato a farne regolare partecipazione al Proprietario, od in sua vece all'Amministratore, dalla sua decisione, trenta giorni prima che detto servizio abbia a terminare; la mancanza di partecipazione significherà che il Colono voglia continuare nel servizio, e qualora persistesse nel volersi ritirar innanzi tempo il Colono pagherà, a titolo di multa, 20$000 per ogni mille piante de caffè o frazione di mille a suo carico.

Art. 13°

Quando o proprietário quizer que o Colono retire-se ao terminar o serviço do anno, avisal-o-ha trinta dias antes, e caso não avise, considera-se como querendo que fique mais um anno e sujeito por isso à indemnização do art. 11 caso despeça sem justa causa.

Art. 13°

Nel caso in cui il Proprietario intendesse di licenziare il Colono dopo che questi abbia completato il servizio annuale lo dovrà avvisare, trenta giorni prima; ed in mancanza di ciò il Colono si considererà come acettato nella continuazione del suo servizio annuale, e caso fosse licenziato prima, senza giusto motivo, il Proprietario pagherà l'indennizo di cui è scopo l'art. 11.

Art. 14°

O Colono tem gratuitamente casa de moradia, e terreno designado fóra dos cafeeiros para a plantação de milho e feijão de sua conta.

Art. 14°

Il Colono avrà gratuitamente la cas per abitazione e terreno destinato fuori della piantagione del caffè, per la coltivazione di granturco e fagioli per conto proprio.

Art. 15°

O Colono que quizer ter animaes vaccum ou cavallar é obrigado à capinação do pasto e conservação das cercas em tempo marcado e caso não compareça pagará 2$000 por cada cabeça.

Art. 16°

Só é permitido ter porcos e cabras em cercado apropriado, feito pelo próprio Colono, de modo a não causar danno.

Art. 17°

O animal que saltar vallos, abrir porteira ou de qualquer modo prejudicar a Fazenda, poderá ser morto ou vendido pelo Administrador da Fazenda, depois de haver intimado por três vezes o Colono, senhor do animal a retiral-o.

Art. 18°

O Colono não poderá negociar com seus visinhos, em fumo aguardente ou qualquer outro gênero que não for de sua profissão sob pena de multa de 10$000.

Art. 15°

Il Colono che volesse possedere vacche e cavalli sarà obbligato a mantenere pulito il pasto e concertare le siepi nel tempo determinato e nel caso di infrazione pagherà la multa di 2$000 per ogni capo di bestiame.

Art. 16°

É concesso al Colono di tenere porci e capre in terreno adatto e chiuso dello stesso Colono, di modo che gli animali non possano recare danno.

Art. 17°

L'animale che saltasse fossati, aprisse cancelli o in qualsiasi modo rechi danno nella Fazenda, potrà essere ucciso o venduto dall'Amministratore, sempre però che lo stesso abbia, per tre volte avvertito il Colono a cui appartiene l'animale, perchè lo faccia ritirare.

Art. 18°

Il Colono non potrà negoziare coi suoi vicini in tabacco, aguardente, od altri generi che non fossero di sua professione, sotto pena della multa di 10$000.

Art. 19º

Os Colonos são obrigados à conservação dos carreadores nos cafezais com seus competentes exgotos, e a respeitar as plantações da Fazenda como a de outros colonos, sob pena de 10$000 de multa.

Art. 20º

O Colono é obrigado a auxiliar annualmente a Fazenda no caminho da Estação, na epoca marcada pelo Proprietario ou pelo seu Administrador, sob pena de multa de 5$000 por cada dia que não comparecer até o máximo de 6 dias, assim como é obrigado à acudir ao fogo em terrenos da Fazenda, quando por infelicidade venha isso a acontecer.

Art. 21º

O Colono que quando recolher-se à casa, deixar fogo no cafezal, soffrerá a multa de 3$000 além da indemnização de 1$000 por cada cafeeiro queimado ou chamuscado.

Art. 19º

I Coloni sono obbligati alla conservazione dei carreadores con i suoi convenienti condotti, ed a rispettare le piantagioni della stessa Fazenda come pure quelle degli altri Coloni, sotto pena della multa di 10$000.

Art. 20º

I Colono è obbligato tutti gli anni a prestar l'opera sua gratuitamente per fare necessarie riparazioni nella strada che conduce alla Stazione ogni qual volta gli sia ordinato dal Proprietario o dall'Amministratore, sotto pena della multa di 5$000 per ogni giorni che non comparisse, e questo fino al stesso giorno; così pure è obbligato a prestarsi in caso d'incendio nei terreni della Fazenda, qualora per casualità questo siccederse.

Art. 21º

Il Colono che nel ritirarsi in casa dal lavoro della piantagione di caffè vi lasciasse fuoco acceso, pagherà la multa di 3$000 oltre a rifondere l'indenizzo do 1$000 al padrone per ogni pianta di caffè abbruciata.

Art. 22°

Para deitar fogo em sua roça, o Colono deve fazer o necessário aceiro e obter licença do Proprietario ou do seu Administrador, sob pena de multa de 5$000, caso não faça aceiro, ou não obtenha a licença, além da responsabilidade pelo damno. Egual multa soffrerá quem fizer fogo em lugar d'onde possa ocasionar prejuízo à Fazenda.

Art. 23°

Os animaes, mantimento e roça dos Colonos ficam garantindo o pagamento do seu debito, das multas e indemnizações, tendo o Proprietario direito de havel-os ainda mesmo quando em mão de terceiros.

Art. 24°

Todas as bemfeitorias, feitas pelos Colonos serão deixadas na Fazenda, sem direito a indemnização da parte do Proprietario, podendo porém o Colono que as fez vendel-as a quem substituir-lhe na casa.

Art. 22°

Il Colono prima di accendere il fuoco nel suo orto (roça) avrà l'obbliglio di pulire il terreno dalle sterpie secche, ed ottenere il permesso dal Proprietario o dal suo Amministratore, sotto pena della multa di 5$000 nel caso non abbia osservato queste due condizioni, ed incorrerà nella responsabilità pei danni da lui arrecatti. La stessa multa verrà pagata da chi accenda fuoco in luogo donde possa essere cagione di danni alla Fazenda.

Art. 23°

Gli animali domestici, il vitto, ed il raccolti dei Coloni servono di geranzia pel pagamento del loro debito col Proprietario, il quale si riserva il diritto di riaverli quand'anche si trovassero in mano di terzi.

Art. 24°

Tutti i miglioramenti o bonifiche introdotte nel terreno e nelle case del Colono rimarranno alla Fazenda senza diritto ad indenizzo da parte del Proprietario: rimanendo però al Colono, che li fece e che siritirasse dalla Fazenda, il diritto di crederli a quello che verrà a sotituirlo.

ANEXO 4
ORÇAMENTOS DE FAMÍLIAS COLONAS

Na ampla literatura sobre a cafeicultura paulista, sobre o colonato, sobre italianos no café, foi possível localizar alguns poucos "orçamentos familiares", que relacionam ganho e despesa de famílias colonas com diferente tamanho e composição (Zettery, 1893; São Paulo, 1897; Frescura, 1904; Picarrolo, 1911; Maiestrello, 1923; Holloway, 1984).

Um olhar atento sobre alguns deles revela que apenas um fornece a composição familiar relacionando os membros da família por sexo e idade. Outros se limitam a indicar o tamanho da família e/ou a quantidade de elementos aptos ao trabalho sem especificar sexo e idade das pessoas ou usando apenas as expressões "marido", "mulher", "adulto", "enxada", "filho capaz de trabalhar", "mulher que cuida da casa", "menor", "criança".

Tais orçamentos trazem anotados o número de pés de café tratados e a quantia de alqueires de café colhido com os respectivos valores em réis, mas deixam de assinalar com a mesma frequência as "diárias" e os serviços extraordinários prestados ao fazendeiro. Quanto à produção de subsistência, eles se referem geralmente ao que foi vendido no mercado e não ao total produzido. A produção animal, assim como a de frutas e legumes, na maioria das vezes, não aparece relacionada. Em alguns casos, estas se encontram adicionadas à produção de cereais e às "diárias", embutidas na expressão "ganhos extraordinários". Somente dois desses "orçamentos" trazem estimativas sobre o valor total da produção de subsistência: o que a família consumia somado ao que vendia. Segundo Piccarolo (1911), esses dois orçamentos retratam uma visão pessimista sobre os ganhos e as despesas dessas duas famílias.

O rendimento monetário, obtido com o trato e a colheita do café e com a venda do excedente da produção de subsistência, era anotado nos orçamentos localizados pela pesquisa como "ganho", do qual deveria ser deduzida a despesa com alimento, vestuário e utensílios diversos comprados no mercado. Aquilo que a família consumia da sua própria produção não aparece na maioria desses "orçamentos", o que dificulta uma melhor apreensão da real relação entre a produção de subsistência e o tamanho da família e de sua força de trabalho. Holloway (1984), por sua vez, chama a atenção para o fato de as estimativas existentes não levarem em conta que colonos não pagavam aluguel, o que deveria ser computado nos orçamentos como receita não monetária.

Em vista do exposto, na tentativa de se chegar a "orçamentos familiares" mais próximos da realidade, foram elaboradas várias estimativas para famílias com tamanho e composição diferentes a partir da documentação da fazenda Santa Gertrudes e de depoimentos de ex-colonos, as quais o leitor poderá visualizar em Bassanezi (1986a). Neste anexo, está reproduzida uma dessas estimativas para um ano de boa safra (1913), portanto, uma estimativa otimista.

Orçamento estimado de uma família colona da fazenda Santa Gertrudes, em 1913

Uma família composta por marido, mulher, 2 adolescentes, entre 12 e 16 anos, e mais uma criança pequena aparece na documentação como uma família de 5 pessoas e 2 "enxadas". Em 1913, ela tratou de 5.081 pés de café recebendo por isso a importância de Rs406$480, colheu 903 alqueires de café no valor de Rs415$500 e executou 33 e ¼ diárias no total de Rs74$625, além de receber Rs90$300 de gratificação pela colheita, paga pelo fazendeiro a todos os colonos que concluíram o ano agrícola na fazenda. Portanto, essa família recebeu da fazenda a importância de Rs986$905.

Nesse ano, a família teria produzido 10 carros de milho, 12 sacos de feijão, 12 sacos de arroz e 13 porcos de aproximadamente 5 arrobas cada. Os preços médios estimados para esses produtos foram: Rs50$000 o carro de milho, Rs12$000 o saco de feijão, Rs27$000 o saco de arroz e Rs50$000 cada porco. Deduzidos 4 carros de milho utilizados na engorda dos porcos, o valor dessa produção seria de Rs1:418$000.

Do milho produzido, três carros foram utilizados para alimentar os animais criados pela família, um carro foi transformado em fubá e, finalmente, os restantes dois carros foram vendidos. Quanto ao feijão, quatro sacos a família consumiu e os demais comercializou. O arroz foi suficiente para a alimentação da família. Dos porcos, nove foram vendidos. Logo, a família consumiu de sua produção o valor de Rs772$000, ou seja, Rs154$400 em média por pessoa e pôde vender o equivalente a Rs646$000, que adicionado à quantia paga pela fazenda elevava o rendimento monetário da família para RS1:632$905. Portanto, aproximadamente 40% desse rendimento era representado pela venda do excedente.

A família tinha também despesas com alimentos que não produzia, com utensílios diversos, vestuário, saúde e outros que precisam ser deduzidos do total de sua renda monetária. A composição, o tamanho e as condições de saúde da família determinavam essas despesas. Maiestrello (1923), observando três famílias de sua fazenda em 1922, num total de 12 adultos e 7 crianças, calculou que a despesa média de um adulto seria Rs286$600 por ano e de uma criança Rs123$000, em outros termos, que o gasto médio por pessoa de cada família seria da ordem de Rs226$400.

Esses dados foram deflacionados para 1913, utilizando-se como base preços dos principais produtos naquele ano comprados no mercado pelo colono, e o resultado foi que a despesa anual de um adulto em 1913 teria sido da ordem de Rs152$000 e o de uma criança de Rs120$000. Como os dados de 1913 apresentam o tamanho, mas não a estrutura etária da família, o valor utilizado nos cálculos a seguir foi de Rs120$000. Portanto, a família que vivia na Santa Gertrudes em 1913 teria nesse ano um gasto da ordem de Rs$600$000, restando no final do ano agrícola um saldo de Rs1:032$000, que representava 63,2% do rendimento monetário da família. Considerando o valor bruto da produção dessa família, que era da ordem de Rs2:404$905 (dos quais 41,0% pertencia ao trabalho realizado para o "patrão" e 59,0% ao trabalho "para nós"), a família estaria economizando 42,9% do seu rendimento bruto.

Mas é preciso lembrar que 1913, ano a que esses dados se referem, foi um ano de colheita farta e que os colonos também receberam uma gratificação de Rs$100 por alqueire de café colhido, o que não acontecia com frequência. Por outro lado, nesses cálculos não foi levado em conta o fato de o trabalhador não pagar aluguel. Também não se pode esquecer que, no que se refere à produção de subsistência, trabalhou-se com informações obtidas em depoimentos orais, nos quais entra também o fator memória, que poderia estar sobre-estimando os valores, daí o cuidado de se utilizar médias para amenizar os resultados.

Não se pode esquecer ainda que mais que o tamanho da família, era a relação produtor/consumidor que permitia a ela um maior ou menor rendimento bruto ou saldo final no ano agrícola. O aumento da força de trabalho não ocorria na mesma proporção que o aumento do tamanho da família. Famílias com metade ou mais de seus membros aptos ao trabalho conseguiam obter um rendimento bruto e também um saldo maior do que aquelas com poucos trabalhadores em relação ao seu tamanho, para as quais os valores seriam baixos e o saldo anual muitas vezes negativo. Entretanto, tal relação por si só não pode ser considerada responsável para a determinação daqueles valores. Observaram-se diferenças entre famílias em que todos os membros eram considerados trabalhadores, mas que os rendimentos do trabalho eram proporcionalmente desiguais ou, ainda, famílias com tamanho e composição diferentes que apresentavam rendimentos semelhantes (Bassanezi, 1986a).

ANEXO 5
OCUPAÇÕES REMUNERADAS
NA FAZENDA SANTA GERTRUDES[41] (1895-1930)

ADMINISTRADOR	Pessoa encarregada de coordenar e supervisionar todas as atividades da fazenda em lugar do proprietário. O mesmo que diretor geral.
AGRIMENSOR	Técnico prático medidor de terras. Na fazenda Santa Gertrudes, não é empregado fixo, só vinha à fazenda quando seu serviço se fazia necessário.
APRENDIZ DE SELEIRO	Menor que aprende serviço de selaria.
ARADOR	Pessoa que ara a terra por serviço de empreitada ou diarista.
AUXILIAR DE ESCRITÓRIO	Ajudante de escritório.
AVULSO	Pessoa que presta serviço conforme a necessidade.
BENEFICIADOR	Pessoa que lida nas máquinas de benefício de café ou arroz.
CAMARADA	Assalariado mensal que presta diversos serviços conforme as necessidades.
CAMARADA DE TURMA	Assalariado mensal que presta serviços sob a supervisão e responsabilidade de um chefe; o feitor ou fiscal de turma.
CAMPEIRO	Pessoa encarregada de tomar conta do gado no campo.
CANDIEIRO	Pessoa que, armada de aguilhada, vai adiante dos bois guiando-os; serviço geralmente feito por crianças mais velhas.

---

[41] Nesta listagem, encontram-se as ocupações como são discriminadas na documentação da fazenda Santa Gertrudes. Algumas delas são repetidas com nomes diferentes (sinônimos), pois dependia de quem as registrava no decorrer do tempo.

CARNEIREIRO	Pessoa encarregada de tomar conta das ovelhas. O mesmo que pastor e trabalhador do aprisco.
CARREIRO	O guia de carros de bois.
CARROCEIRO	Condutor de carroças.
CASEIRO	Encarregado de cuidar da casa de morada.
CASTRADOR	Pessoa que castra animais. Na fazenda Santa Gertrudes, geralmente é um colono que exerce esta ocupação em horas extras.
CHACAREIRO	Encarregado da horta e do pomar que na fazenda Santa Gertrudes eram conhecidos como "chácara". O mesmo que hortelão.
COCHEIRO	Encarregado da cocheira e de guiar os cavalos das carruagens.
COLONO	Pessoa encarregada, juntamente aos demais membros de trabalho da família, de cuidar de certo número de pés de café durante o ano agrícola e de realizar a colheita do café mediante contrato que fazia com a fazenda.
COPEIRO	Encarregado do serviço de copa da casa de morada.
CORTADOR DE CAPIM	Encarregado de cortar capim e cana para alimentação de animais.
COZINHEIRA	Encarregada de fazer a comida na casa de morada.
COZINHEIRA DE RESTAURANTE	Encarregada de cozinhar para os empregados sem família, que se reuniam em um refeitório chamado de "restaurante".
CRIADA	Encarregada da limpeza da casa de morada.
DIRETOR DE COLÔNIA	Encarregado de coordenar e supervisionar os trabalhos dos colonos de uma determinada colônia.
DIRETOR GERAL	Pessoa encarregada de coordenar e supervisionar todas as atividades da fazenda em lugar do proprietário. O mesmo que administrador.

DIRETOR GERAL DA SEÇÃO PASTORIL	Responsável pelos serviços da seção pastoril.
DOCEIRA	Encarregada de fazer os doces para a casa de morada.
ELETRICISTA	Executa os trabalhos de eletricidade.
EMPREITEIRO	Ajusta obra por empreitada, isto é, mediante retribuição e condições previamente combinadas. Nas fazendas de café, o empreiteiro é empregado geralmente para a formação dos cafezais. Na fazenda Santa Gertrudes, além da formação de cafezais, o trabalho do empreiteiro é utilizado para fazer cercas, matar formigas etc.
ESCRIVÃO	Encarregado da escrituração da fazenda.
FARMACÊUTICO	Responsável pela farmácia da fazenda.
FAZEDOR DE FUBÁ	Pessoa que trabalha no engenho para pilar o milho, também conhecido como monjoleiro.
FAZEDOR DE MANTEIGA	Encarregado de fabricar produtos derivados do leite.
FEITOR	Responsável pelo trabalho de uma determinada turma de camaradas. O mesmo que fiscal de turma.
FERREIRO	Encarregado de exercer os trabalhos de ferraria.
FISCAL DE COLÔNIA	Encarregado de coordenar e supervisionar o trabalho dos colonos de uma determinada colônia da fazenda. O mesmo que diretor de colônia.
FISCAL DE TURMA	Responsável pelo trabalho de uma determinada turma de camaradas. O mesmo que feitor.
FISCAL DE VIAÇÃO	Fiscal de caminhos.
FOGUISTA	Encarregado de alimentar o vapor que produzia energia para a fazenda.
GUARDA NOTURNO	Encarregado de vigiar a entrada principal da fazenda à noite.

GUARDA PORTEIRA	Encarregado de vigiar a entrada principal da fazenda.
HORTELÃO	Encarregado da horta e do pomar na fazenda Santa Gertrudes. O mesmo que chacareiro.
INTÉRPRETE	Pessoa que serve de intermediário entre indivíduos que falam idiomas diferentes. Quando vieram os colonos japoneses para a fazenda Santa Gertrudes, havia um intérprete que recebia salário mensal por esta ocupação.
JARDINEIRO	Encarregado de cuidar dos jardins da casa de morada e da capela.
LAVADEIRA	Encarregada de lavar a roupa na casa de morada.
LEITEIRO	Pessoa que retira o leite da vaca.
MAQUINISTA	Pessoa que lida nas máquinas de benefício de café ou arroz. O mesmo que beneficiador.
MARCENEIRO	Pessoa que executa os serviços de marcenaria, que trabalha com madeira.
MATADOR DE FORMIGAS	Encarregado de destruir os formigueiros da fazenda – trabalha geralmente por empreitada.
MÉDICO	Encarregado de cuidar dos doentes e da profilaxia da fazenda, de fornecer atestados de óbito. Morava em Rio Claro e ia à fazenda Santa Gertrudes uma vez por semana ou quando sua presença se fazia necessária.
MESTRE ESCOLA	Pessoa encarregada de ministrar aulas às crianças. O mesmo que professor.
MONJOLEIRO	Pessoa que trabalha no engenho para pilar milho.
OFICIAL	Operário que conhece bem o seu serviço; no caso, seria oficial da carpintaria ou de ferraria.
OLEIRO	Fabricante de tijolos.
PASTOR	Encarregado de tomar conta das ovelhas. O mesmo que carneireiro.
PEDREIRO	Pessoa que trabalha em construção de obras de pedra e cal.
PENSIONISTA	Pessoa velha ou inválida que recebe auxílio em dinheiro e em espécie da fazenda.
PROFESSOR	Pessoa encarregada de ministrar aulas às crianças. O mesmo que mestre escola.

PUXADOR	Pessoa que, armada de aguilhada, vai adiante dos bois guiando-os; serviço geralmente feito por crianças mais velhas. O mesmo que candieiro.
RECEBEDOR DE CAFÉ	Pessoa que na época de colheita recebe e controla o café colhido.
RELOJOEIRO	Conserta relógios. Trata-se de trabalho periódico.
RETIREIRO	Pessoa encarregada de tomar conta do gado no campo. O mesmo que campeiro.
SACRISTÃO	Encarregado de cuidar da capela e ajudar o padre nas práticas religiosas.
SELEIRO	Fazedor de selas.
SERRADOR DE MADEIRA	Encarregado de serrar toras de madeira.
SERVENTE DE PEDREIRO	Auxiliar de pedreiro.
TIRADOR DE TORAS	Encarregado de arrancar os tocos depois da derrubada da mata ou de árvores.
TRABALHADOR DO APRISCO	Pessoa encarregada de tomar conta das ovelhas. O mesmo que carneireiro e pastor.
TRABALHADOR NA COUDELARIA	Pessoa que trabalhava no estabelecimento especial para criação de cavalos de sela, particularmente de corrida.
TRABALHADOR NO ESTÁBULO	Encarregado de cuidar da limpeza e dos animais do estábulo.
TRATADOR DE CACHORROS	Encarregado de cuidar dos cachorros.
TRATADOR DE GALINHAS	Encarregado do galinheiro.
TRATADOR DE POMAR	Encarregado da horta e do pomar. O mesmo que chacareiro e hortelão.
TRATADOR DE PORCOS	Encarregado do chiqueiro.
VARREDOR	Encarregado da limpeza, principalmente do escritório.
VETERINÁRIO	Pessoa que exerce a medicina em animais. Ia periodicamente à fazenda Santa Gertrudes.

ANEXO 6
QUADROS

Quadro 1
Ocupação das terras.
Fazenda Santa Gertrudes.

Terras	Alqueires n. aproximado
Cafezais	492
Invernadas e pastos	370
Diversas culturas	111
Matas	272
Capoeiras	32
Benfeitorias diversas	22
Tanques	72

Fonte: 2º Cartório de Registro de Imóveis de Rio Claro. Livro 3F (1934: 1).

Quadro 2
Relação das casas.
Fazenda Santa Gertrudes.

Casas	Número
Casa do proprietário	1
Casa-grande da colônia Santa Cruz	1
Casa do administrador	1
Casa do guarda-livros	1
Casa para camaradas	20
Casa simples nas colônias	23
Casa geminada (131)	262
Total	309

Fonte: 2º Cartório de Registro de Imóveis de Rio Claro Livro 3F (1934: 1).

Nota: Nos 370 alqueires ocupados por invernadas havia casas para capatazes, mas não se tem notícia do número delas.

Quadro 3
Casas das colônias.
Fazenda Santa Gertrudes.

Colônia	Casas simples	Casas geminadas
Santo Eduardo	1	10
Santo Antônio	1	10
São Joaquim	3	45
São José		10
São Guilherme		20
Santa Cruz	17	20
Santa Maria	1	6
São Benedito		10
Total	23	131

Fonte: 2º Cartório de Registro de Imóveis de Rio Claro Livro 3F (1934: 1).

Quadro 4
Produção do café.
Fazenda Santa Gertrudes (1895-1930)

Ano	Pés de café por 1.000	Alqueires colhidos por 1.000	Produção em @/1.000	Ano	Pés de café por 1.000	Alqueires colhidos por 1.000	Produção em @/1.000
1895	600	23	14*	1913	964	143	84*
1896	630*	60*	34*	1914	958	94	55*
1897	661	60	34	1915	996	135	79*
1898	668*	67	36	1916	819	75	40
1899	678	55	32	1917	832	133	76
1900	761*	80	48	1918	975	27	16*
1901	854*	111	65*	1919	250*	7	4*
1902	860*	88	50	1920	532*	65	36
1903	935	65	36	1921	328*	23	13
1904	922*	95	51	1922	300	21	15
1905	933*	98	60	1923	639	78	41
1906	1.042*	170	107	1924	373*	34	20
1907	950*	70	41*	1925	473*	61	35*
1908	948	123	61	1926	300*	21	12*
1909	956	149	88*	1927	800*	96	51*
1910	958	90	58*	1928	814	75*	40*
1911	958	157	92*	1929	885*	108	63*
1912	945	100	59*	1930	600*	18	10*

Fontes: Fazenda Santa Gertrudes, Copiador, 1895-1930; e Registro de pés de café entregue aos colonos (1908-1919).

* Calculados por ajustamento, sendo que os de produção por arroba foram obtidos fazendo a seguinte equivalência: um alqueire (50 litros) produz 0,59 arrobas de café limpo. A estimativa para o número de pés de café foi calculada levando-se em conta a produção do respectivo ano (média 102 alqueires por mil pés) e, ainda, a variação da colheita em dois anos consecutivos.

Quadro 5
Relação de vinhos existentes na adega.
Fazenda Santa Gertrudes (1907)

Tipo	Idade em anos	Número de garrafas
Bordeaux Haut Sauterne	8	228
Bordeaux Gravas	8	150
Bourgogne Beaune	8	96
Santo Antonio de Pádua [sic] italiano	8	66
Cognac Extra Fine Champagne	8	12
Porto Lagrima	18	24
Madeira Secco	18	10
Porto Duque	18	14
Moscatel de Setubal	18	14
Porto Duque	18	12
Moscatel Setubal	18	12
Champagne Eugenio [sic] Cliquot	18	12

Haut Sauterne lacre vermelho, vinho branco
Gravas, lacre roxo, vinho branco
Beaune, lacre vermelho, vinho roxo [sic]
Italiano, lacre verde, tinho tinto
Madeira, marca secco

Fonte: Fazenda Santa Gertrudes, Copiador 19 (1907: 03).

Quadro 6
Avaliação dos bens.
Fazenda Santa Gertrudes (1893)

Bens	valor
bens imóveis e pés de café	2.200:000$000
frutos pendentes dos cafezais	150:000$000
bens móveis de uso doméstico	4:150$000
móveis da casa do administrador	700$000
louças e cristais	485$000
bateria de cozinha	100$000
utensílios da fazenda	6:900$000
prata	251$280
bens removentes	14:125$000
milho e feijão	3:770$000
Total	**2.380:481$280**

Fonte: Campinas AP-CMMP – *Carta de Sentença de Formal Partilha em que são inventariado o Marques de Tres Rios e inventariante a Marqueza de Tres Rios,* 1893 (Ms).

Quadro 7

Contratos estabelecidos por fazendas da região de Rio Claro (SP).
Ano agrícola 1904-1905

Fazenda	Trato em réis/ mil pés de café	Colheita em réis/alqueire colhido	Terras para a lavoura de subsistência
Santa Gertrudes	70$000	$500	Designa terreno fora dos cafeeiros para a plantação de milho e feijão.
Ibicaba	70$000	$500 para colher de uma só vez; $600 para colher primeiro o café maduro.	Deixa plantar uma cova no vão de 4 pés de café, exceto em 1.500 pés que cada família grande ou pequena não planta nada.
Paraguassu	60$000	$500	Deixa plantar duas ruas de milho em metade do cafezal.
Água Branca	60$000	$600	Deixa plantar duas covas no vão de quatro pés em todo café velho e uma rua nos cafés novos.
Itaúna	50$000	$400	Deixa plantar uma rua em todo cafezal.
Fachina [sic]	50$000	$400	Deixa plantar uma rua em todo cafezal.
São Bento	50$000	$400	Deixa plantar uma rua em todo cafezal.
Sampaio	50$000	$400	Deixa plantar uma rua em todo cafezal.

Fonte: Fazenda Santa Gertrudes, Copiador 14 (1904: 223).

Quadro 8
Contratos estabelecidos por fazendas da região de Rio Claro (SP).
Ano agrícola 1915-1916.

Fazenda	Trato em réis/ mil pés de café	Colheita em réis/alqueire colhido	Terras para a lavoura de subsistência
Paraguassu	75$000	$500	Deixa plantar em terras fora do cafezal.
Morro Azul	65$000	$500	Deixa plantar uma cova na quadra.*
Iracema	70$000	$500	Deixa plantar uma cova na quadra.*
Ibicaba	75$000	$500	Deixa plantar um pé de milho na quadra.*

Fonte: Fazenda Santa Gertrudes, Copiador 32 (1915: 32).

* A documentação não informa sobre o uso de terras fora do cafezal.

Quadro 9
Despesa mensal da fazenda com empregados (em réis).
Fazenda Santa Gertrudes (1908).

Ocupação	Janeiro	Fevereiro	Março	Abril	Maio	Junho	Julho	Agosto	Setembro	Outubro	Novembro	Dezembro	Total	Média mensal
Pedreiros	749,6	817,8	805,1	782,0	926,0	822,7	1.014,7	901,5	992,0	1.000,7	1.000,9	941,0	11.132,4	927,7
Carroceiros	431,4	312,8	372,6	346,2	376,0	848,5	797,4	433,4	721,3	835,4	820,1	583,5	6.978,6	581,5
Carreiros	240,0	240,0	236,3	219,4	220,0	200,0	176,0	183,0	243,5	245,0	185	185,0	2.573,2	214,4
Carpinteiros	1.414,2	1.452,5	1.335,2	1.290,2	1.310,6	1.121,0	1.292,0	1.238,5	1.272,5	1.310,5	1.062,2	1.003,2	15.102,6	1.258,5
Campeiros	303,5	404,0	349,4	350,0	400,0	245,0	290,0	302,1	335,5	347,8	420,0	387,3	4.134,6	644,6
Avulsos	975,3	1.036,0	1.615,5	1.298,9	1.419,6	1.283,4	2.000,0	1.555,8	1.866,4	1.848,5	1.980,2	1.890,9	18.770,5	1.564,2
Camaradas	2.468,6	2.572,4	1.910,1	2.000,0	2.252,6	2.700,0	3.651,8	4.033,0	4.175,8	3.632,6	3.752,7	3.656,4	36.806,0	3.067,2
Diversos	1.500,0	1.500,0	1.120,0	1.500,0	1.000,0	1.000,0	1.400,0	1.121,0	1.250,0	1.020,0	2.520,0	1.366,6	16.297,6	1.358,1
Empreiteiros	3.100,0	2.200,0	3.100,0	2.500,0	2.000,0	6.200,0	3.600,0	4.500,0	8.349,3	2.000,0	4.250,0	2.700,0	44.499,3	3.708,3
Total (assalariado)	11.182,6	10.535,5	10.544,2	10.286,7	9.904,8	14.420,6	14.221,9	14.268,3	19.210,3	12.963,5	16.057,1	12.813,9	156.409,3	13.034,1
Colono	-	-	16.627,6	-	20.935,9	-	25.516,5	35.364,2	6.937,0	-	23.422,5	-	128.803,6	10.733,6
Total geral	11.182,6	10535,5	27.171,8	10.286,7	30.840,7	14.420,6	39.738,4	49.632,5	26.147,3	12.963,5	39.479,6	12.813,9	285.212,9	23.797,7

Fonte: Fazenda Santa Gertrudes, Copiador 19 a 21, 1908.

Quadro 10
Nomes mais frequentes atribuídos aos batizados
e seus pais, em ordem decrescente.
Fazenda Santa Gertrudes (1899-1930).

Filho	Pai	Filha	Mãe
Antônio	José	Maria	Maria
João	João	Antonia*	Rosa
José	Antonio	Ângela*	Luisa
Luis	Francisco	Luisa	Ângela*
Pedro	Luis	Rosa	Teresa
Francisco	Pedro	Ana	Antônia
Ângelo	Vitorio	Adélia*	Ana
Sebastião	Manoel	Teresa	Josefa
Guilherme	Ângelo	Olga	Joana
Benedito	Domingos	Julia*	Francisca
Joaquim	Joaquim	Amélia	Sebastiana
Vitório	Sebastião	Francisca	Benedita
Eduardo	Vicente	Gertrudes	Amélia
Manoel	Benedito	Iolanda	Regina
Eugenio	Eugenio	Aparecida	Emilia

Fontes: Fazenda Santa Gertrudes. Registro de Batismo, 1899-1930; Cartório do Registro Civil de Rio Claro e de Santa Gertrudes. Casamentos, 1890-1930.

*Incluem os nomes derivados desses.

Quadro 11
Padrinhos dos filhos de Vicenzo Buoro e Enrica Pin.
Fazenda Santa Gertrudes (1899-1930).

Nome do batizado	Nome do padrinho	Nome da madrinha
Guilherme	Romano Torini	Isa Pin
Antonio	Antonio Pugliese	Anunciata Toso
Domingos	Domenico Pin	Erminia Buoro
Helena	Angelo Buoro	Vitoria Buoro
Luis	Jose Pin	Giovanna Buoro
Regina	Luigi Pugliese	Maria Pin
Rosa	João Buoro	Gioconda Buoro
Francisco José	Giuseppe Buoro	Cristina Miranda
Aparecida	Domenico Buoro	Maria Brescia

Fonte: Fazenda Santa Gertrudes. Registro de Batismo, 1899-1930.

Quadro 12
Padrinhos dos filhos de Miguel Romero
e Maria Vitoria Martins Rodrigues.
Fazenda Santa Gertrudes (1899-1930).

Nome do batizado	Nome do padrinho	Nome da madrinha
Maria	Ezequiel Erenha	Elvira Viterbo
João	Hermenegildo Carita	Albina Nhan
Fabiano	Alfonso Xavier Negreiros	Letícia de Almeida Negreiros
Gertrudes	Enrico Pugliese	Mentana Zanfelice
Amélia	Francesco Giongo	Ângela Gioongo

Fonte: Fazenda Santa Gertrudes. Registro de Batismo, 1899-1930.

Quadro 13
Padrinhos dos filhos de Hermenegildo Carita e Albina Nhan.
Fazenda Santa Gertrudes (1899-1930).

Nome do batizado	Nome do padrinho	Nome da madrinha
Vitorio	Antonio Artur	Dolores Alonso
João	Miguel Romero	M. Vitoria Martins Rodrigues
Carlos	Giordano Salvatore	Paula Modolo
Pedro	Fortunato Berthie	Rosa Ardoine
José	Luis Salvatore	Luiza Salvatore
Ângelo	Eugenio Affonso	Teresa Modolo

Fonte: Fazenda Santa Gertrudes. Registro de Batismo (1899-1930).

Quadro 14
Afilhados de Antonio Artur e Dolores Alonso.
Fazenda Santa Gertrudes (1899-1930).

Nome do batizado	Nome do pai	Nome da mãe
Candida	Pedro Brasil	Teodora Alves
Hermenegildo	Francisco Caceres	Maria Hernandez
Artur	José Camargo	Sebastiana de Jesus
Vitorio	Hermegildo Carita	Albina Nhan
Sebastião	João Aparecido da Cunha	Antonia Mendes
Antonio	João Darossi	Helena de Jesus Augusto
Antonia	Pedro Delgado	Lidia Miranda
Antonia	João Maria Esteves	Felipa Delgado
Rosa	Antonio Feria	Regina Geniselli
Palmeira	Francisco Feria	Rita Senem
Antonio	Domingos José Garcia	Otavia Rebechini
Maria	Domingos José Garcia	Otavia Rebechini
Teresa	Domingos José Garcia	Otavia Rebechini
Lazara	Manoel Garcia	Celeste Tamburu
Francisco	João Lopes	Conceição Garcia
Marcela	João de Sousa Loureiro	Luisa Tonon
Antonio	José Marino	Luisa Ferro
Clemente	José Miranda	Maria Engracia Puga
Antonio	Batista Pisani	Zulmira Soares
João	Felix da Rocha	Domingas Camunda da Rocha
Antonio	Jose Romero	Anna Batista Gouvêa
Antonio	Antonio Soares	Amélia Forster Hiegues
Carlos	Domingos da Veiga	Cecília Ramos
Presentina	Antonio Venditti	Julia Ferrão

Fonte: Fazenda Santa Gertrudes. Registro de Batismo, 1899-1930.

Quadro 15

Afilhados de Antonio Gasparine e Luigia Tambaglioli.
Fazenda Santa Gertrudes (1899-1930).

Nome do batizado	Nome do pai	Nome da mãe
Silvio	Demetrio Scagni	Teresa Gasparine
Hermínia	Augusto Ceregato	Angela Buoro
Clementina	Jose Denardi	Lavínia Genisselli
Antenisa	Angelo Gasparine	Angela Tomazella
Idalina	Vitorio Gasparine	Virginia Pugliese
Antonio	Antonio Marega	Teresa Bobich
Cecília	João Pagotto	Elvira Tambaglioli
Pedro	João Picelli	Regina Gasparine
Olga	Enrico Pugliese	Mantana Zanfelice
Maria Luisa	Ângelo Tom	Justina Boin
Pedro	Vitorio Tambaglioli	Amabile Valentini

Fonte: Fazenda Santa Gertrudes. Registro de Batismo (1899-1930).

ANEXO 7
TABELAS

Tabela 1
Ocupação do trabalhador e permanência média em anos na fazenda.
Fazenda Santa Gertrudes (1895-1930).

Ocupação	Anos (média)*
Colono	7,6
Camarada	3,1
Supervisão de trabalho	7,2
Administração	8,8
Ocupação especializada	6,1
Ocupação não especializada	6,4
Várias ocupações**	9,8

Fonte: Fazenda Santa Gertrudes, Livros Contas-Correntes, 1895-1930.

*Cálculo feito por amostragem.

**Refere-se a pessoas que mudaram de ocupação no período em que permaneceram na fazenda.

Tabela 2
Casamentos segundo o local de residência.
Fazenda Santa Gertrudes (1890-1930).

Mulher / Homem	FSG	Outros locais	Total
FSG	274	38	312
Outros locais	40	01	41
Total	314	39	353

Fonte: Casamentos. Registro Civil. Rio Claro e Santa Gertrudes (SP-Brasil), 1890-1930.

Tabela 3

Casamentos segundo a nacionalidade dos cônjuges.
Fazenda de Santa Gertrudes (1890-1930).

Mulher → / Homem ↓	Italiana	Portuguesa	Espanhola	Origem ital.*	Origem Port.*	Origem Esp.*	Origem luso-bras.	Origem Germânica*	Total
Italiano	80	4	4	25	3		1		117
Português	1	3			6	1	1		12
Espanhol	4		15	3		1			23
Origem ital.*	2			69		6	15	2	94
Origem port.*	1			18	1	1			21
Origem esp.*				2	1	9		2	14
Origem luso-bras.*							72		72
Total	88	7	19	117	11	18	89	4	353

Fonte: Casamentos. Registro Civil. Rio Claro e Santa Gertrudes (SP-Brasil), 1890-1930.

*Sabe-se que são de origem italiana, espanhola ou germânica pelo sobrenome, mas não se são nascidos na Europa ou no Brasil. Os de origem portuguesa, portugueses natos ou não, foram identificados através da nacionalidade dos pais ou avós mencionada em documento analisado. No caso dos de origem luso-brasileira, não é possível distinguir pelo sobrenome os que eram de origem portuguesa, vinculados ao período de imigração de massa, e os brasileiros propriamente ditos.

Tabela 4
Nacionalidade dos pais dos batizados.
Fazenda Santa Gertrudes (1890-1930).

Nacionalidade	Pai	Mãe
Austríaca	19	18
Italiana	530	451
De origem italiana*	845	1.012
Espanhola	50	48
De origem espanhola*	38	37
Portuguesa	13	16
De origem germânica*	25	17
Brasileira	291	290
Outras	270	192
Total	2.081	2.081

Fontes: Registro Civil de Rio Claro e Santa Gertrudes, 1890-1930; Fazenda Santa Gertrudes, Livro de Batismo, 1899-1930.

* Sabe-se que são de origem italiana, espanhola ou germânica pelo sobrenome, mas não se são nascidos na Europa ou no Brasil.

Tabela 5
Frequência dos 15 nomes masculinos
e femininos mais usados entre os batizados.
Fazenda Santa Gertrudes (1899-1930).

Nomes masculinos	Simples	Composto	Total
Antonio	159	13	172
João	99	11	110
José	77	13	90
Luis	51	6	57
Pedro	47	7	54
Francisco	31	5	36
Ângelo	25	3	28
Sebastião	24	3	27
Guilherme	20	2	22
Benedito	15	2	17
Joaquim	14	2	16
Vitório	13	1	14
Eduardo	13		13
Manoel	12		12
Eugenio	10	1	11
Total	610	69	679
Outros nomes			374
Total geral			1.053

Nomes femininos	Simples	Composto	Total
Maria	125	82	207
Antonia*	64	9	73
Ângela*	33	8	41
Luisa	31	12	43
Rosa	30	7	37
Ana	22	10	32
Adélia*	22	1	23
Teresa	19	1	20
Olga	13	1	14
Julia*	14	1	15
Amélia	10	3	13
Francisca	10		10
Gertrudes	10	1	11
Iolanda	10	2	12
Aparecida	8	15	23
Total	421	153	574
Outros nomes			454
Total geral			1.028

Fonte: Fazenda Santa Gertrudes, Livro de Batismo, 1899-1930.

*Incluem os nomes no diminutivo ou derivados: Antonieta (5), Angelina (19 simples e 3 compostos) e Angélica (4) e Julieta (1).

Tabela 6
Nomes dos avós atribuídos aos batizados.
Fazenda Santa Gertrudes (1899-1930).

	Meninos	Meninas	Total
Avô paterno	50	12	62
Avó paterna	4	23	27
Avô materno	36	11	47
Avó materna	6	36	42
Total	96	82	178

Fontes: Registro Civil de Rio Claro e de Santa Gertrudes, 1890-1930; Fazenda Santa Gertrudes, Livro de Batismo, 1899-1930.

Tabela 7
Nomes de pais e padrinhos atribuídos aos batizados.
Fazenda Santa Gertrudes (1899-1930).

	Meninos	Meninas	Total
Pai	42	15	57
Mãe	13	32	45
Padrinho	117	26	143
Madrinha	12	117	129
Total	184	190	374

Fonte: Fazenda Santa Gertrudes, Livro de Batismo, 1899-1930.

Tabela 8
Óbitos por grupo etário e sexo.
Fazenda Santa Gertrudes (1890-1930).

Grupo etário	Homem	Mulher	Total	%
Natimorto	28	28	56	5,3
0 a 28 dias	87	69	156	14,7
29 dias a 11 meses	131	94	225	21,2
1 a 4	132	131	263	24,7
5 a 9	26	17	43	4,0
10 a 14	4	9	13	1,2
15 a 19	7	15	22	2,1
20 a 24	9	7	16	1,5
25 a 29	5	14	19	1,8
30 a 34	12	11	23	2,2
35 a 39	6	9	15	1,4
40 a 44	6	14	20	1,9
45 a 49	10	3	13	1,2
50 a 54	11	6	17	1,6
55 a 59	11	5	16	1,5
60 a 64	18	10	28	2,6
65 a 69	13	11	24	2,3
70 a 74	17	10	27	2,5
75 a 79	11	10	21	2,0
80 e+	16	24	40	3,8
Sem informação	4	2	6	0,6
Total	564	499	1.063	100,0

Fonte: Registro Civil de Rio Claro e de Santa Gertrudes, Óbitos, 1890-1930.

Tabela 9
Óbitos de crianças de 0 a 28 dias por causa da morte.
Fazenda Santa Gertrudes (1890-1930).

Causa da morte	N.	%
Debilidade congênita	39	25,0
Tétano dos recém-nascidos	29	18,6
Outras	16	10,3
"Morte natural"	47	30,1
Sem informação	25	16,0
Total	156	100,0

Fonte: Registro Civil de Rio Claro e de Santa Gertrudes, Óbitos, 1890-1930.

Tabela 10
Óbitos de crianças de 29 dias a 4 anos de idade por causa da morte.
Fazenda Santa Gertrudes (1890-1930).

Causa da morte	29 dias a 11 meses	1 a 4 anos	Total	%
Afecções do aparelho digestivo	70	82	152	31,1
Doenças endêmicas, epidêmicas e infecciosas	36	73	109	22,3
Afecções do aparelho respiratório	27	31	58	11,9
Afecções do sistema nervoso e dos órgãos dos sentidos	7	10	17	3,5
Primeira idade	20		20	4,1
Outra	1	13	14	2,9
Doenças mal definidas	64	54	118	24,2
Total	225	263	488	100,0

Fonte: Registro Civil de Rio Claro e de Santa Gertrudes, Óbitos, 1890-1930.

Tabela 11

Óbitos de pessoas com 15 e mais anos de idade por causa da morte.
Fazenda Santa Gertrudes (1890-1930).

Causa da morte	15 a 49 anos	50 anos e mais	Total	%
Doenças endêmicas, epidêmicas e infecciosas	45	16	61	20,3
Afecções do aparelho respiratório	22	12	34	11,3
Afecções do aparelho circulatório	14	40	54	18,0
Afecções do aparelho digestivo	7	15	22	7,3
Afecções do sistema nervoso e dos órgãos dos sentidos	4	9	13	4,3
Afecções não venéreas do aparelho genitourinário e de seus anexos	7	5	12	4,0
Estado puerperal	5		5	1,7
Afecções produzidas por causas externas	2	3	5	1,7
Câncer e outros tumores malignos	1	10	11	3,7
Velhice		26	27	8,7
Outras	2		2	0,7
Doenças mal definidas	19	36	55	18,3
Total	128	172	300	100,0

Fonte: Registro Civil de Rio Claro e de Santa Gertrudes, Óbitos, 1890-1930.

ANEXO 8
GRÁFICOS

Gráfico 1
Sazonalidade mensal dos casamentos de moradores.
Fazenda Santa Gertrudes (1890-1930).

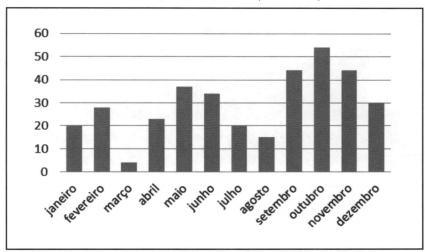

Fonte: Registro Civil de Rio Claro e Santa Gertrudes. Casamentos, 1890-1930.

Gráfico 2
Sazonalidade mensal dos nascimentos.
Fazenda Santa Gertrudes (1899-1930).

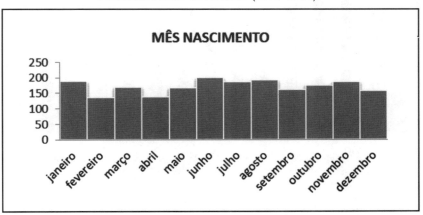

Fonte: Fazenda Santa Gertrudes. Registro de batismo, 1899-1930.

Gráfico 3
Sazonalidade mensal dos batizados.
Fazenda Santa Gertrudes (1899-1930).

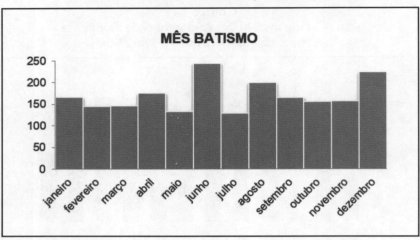

Fonte: Fazenda Santa Gertrudes. Registro de batismo, 1899-1930.

Gráfico 4
Sazonalidade mensal dos óbitos.
Fazenda Santa Gertrudes (1890-1930).

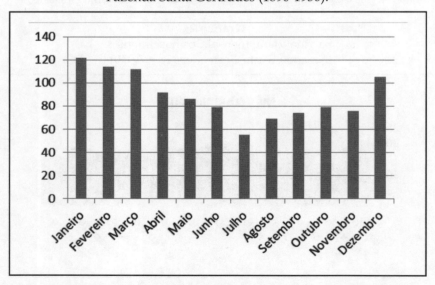

Fonte: Registro Civil de Rio Claro e de Santa Gertrudes. Óbitos, 1890-1930.

Agradecimentos

A história aqui contada não teria sido escrita sem o apoio de instituições e pessoas que ao longo dos anos tornaram os meus caminhos mais amenos, colaborando nos rumos das minhas pesquisas e na elaboração deste livro.

Em um primeiro momento, para desenvolver a pesquisa que levou à concretização de minha tese de doutorado, contei com o apoio da Fapesp e a orientação da professora doutora Jeanne Berrance de Castro. Renovo aqui os agradecimentos às instituições e às pessoas que colaboraram comigo nessa época. Posteriormente, em novas pesquisas, contei com bolsa de Produtividade em Pesquisa do CNPq e com o apoio institucional do Núcleo de Estudos de População "Elza Berquó" (Nepo) da Universidade Estadual de Campinas (Unicamp), onde comecei a trabalhar em meados dos anos 1980 em um ambiente intelectual muito favorável. Agradeço, portanto, à professora doutora Elza Berquó, aos colegas pesquisadores e aos funcionários pela acolhida.

Sou imensamente grata ao Rodney, que percorreu comigo esta caminhada e foi parceiro incansável desde os primeiros momentos. Companheiro nas idas e vindas aos arquivos, às bibliotecas, às entrevistas, colaborou ainda no levantamento da documentação, na sistematização das informações seriais, com os cálculos matemáticos que fundamentaram minhas análises. Rodney foi também o grande incentivador para que eu escrevesse este livro.

Sou grata igualmente à Carla, interlocutora rigorosa, competente, perspicaz e ao mesmo tempo sensível, que soube dosar profissionalismo e carinho na edição do livro da mãe.

A torcida e o incentivo de toda minha grande família – pais, tia, marido, filhos, netos, genros e nora – também foram muito importantes em todo o percurso que levou à concretização desta obra. Obrigada, minha gente!

A autora

Maria Sílvia Beozzo Bassanezi é historiadora. Doutora pela Universidade Estadual Paulista Júlio de Mesquita Filho (*campus* de Rio Claro). Pesquisadora do Núcleo de Estudos de População (Nepo) e professora colaboradora do Programa de Pós-graduação em Demografia (IFCH/Nepo) da Universidade Estadual de Campinas (Unicamp). Foi bolsista PQ/CNPq por vários anos. É coautora, entre outros, de *O historiador e suas fontes* e *Nova história das mulheres no Brasil*, ambos publicados pela Editora Contexto.

GRÁFICA PAYM
Tel. [11] 4392-3344
paym@graficapaym.com.br